www.ingramcontent.com/pod-product-compliance
Lightning Source LLC
Chambersburg PA
CBHW071743150726
47998CB00005B/1776

انتخاب

بالِ جبریل

مع

مقدمہ، تنقید و تشریح اور فنّی جائزہ

از

پروفیسر اعجاز علی ارشد

ناشر

عرشیہ پبلی کیشنز، دہلی ۹۵

نام کتاب	:	انتخابِ بالِ جبریل
مؤلف	:	پروفیسر اعجاز علی ارشد
مطبع	:	کلاسک آرٹ پریس، دہلی
کمپوزنگ	:	عبدالوہاب قاسمی (7631677978)
سرورق	:	ٹیم عرشیہ پبلی کیشنز، دہلی
ناشر	:	عرشیہ پبلی کیشنز، دہلی

Intikhabe Baale Jibrael

by **Prof. Ejaz Ali Arshad**

Fisrt Edition : 2022

ISBN : 978-93-93998-83-5

ملنے کے پتے

011-23260668	مکتبہ جامعہ لمیٹڈ، اُردو بازار، جامع مسجد، دہلی ـ 6	○
011-23276526	کتب خانہ انجمن ترقی اردو، جامع مسجد، دہلی	○
+91 7905454042	رائی بک ڈپو، 734 اولڈ کٹرہ، پریاگ راج، یوـ پی ـ	○
+91 9358251117	ایجوکیشنل بک ہاؤس، علی گڑھ	○
+91 9304888739	بک امپوریم، اُردو بازار، سبزی باغ، پٹنہ ـ 4	○
+91 9869321477	کتاب دارِ ممبئی	○
+91 9325203227	مرز ورلڈ بک، اورنگ آباد	○
+91 9433050634	عثمانیہ بک ڈپو، کولکاتہ	○
+91 9797352280	قاسمی کتب خانہ، جموں توی، کشمیر	○
+91 7340370067	میزان پبلشرز، بٹہ مالو، سری نگر، کشمیر	○
+91 9674254341	ہورائزن ڈسٹری بیوٹر، کولکاتہ	○

arshia publications

A-170, Ground Floor-3, Surya Apartment, Dilshad Colony, Delhi - 110095 (INDIA)

Mob: +91 9971775969, +91 9899706640   Email: arshiapublicationspvt@gmail.com

ترتیب

کتاب سے پہلے

اقبال کی شاعری میں فکروفن کی اتنی وسعتیں اور گہرائیاں پوشیدہ ہیں کہ گذشتہ نصف صدی کے دوران اس کے فکروفن پر سیکڑوں مختصر اور طویل کتابوں اور مضامین کی اشاعت ہوتی رہی ہے۔ لیکن اقبال کا پیغام عام فہم انداز میں نئی نسل کے نوجوانوں تک پہنچانے کی کوئی جامع کوشش اب تک ہماری نظر سے نہیں گزری۔ حالانکہ ''بالِ جبریل'' جسے اقبال کے مخصوص نظریات و افکار کا نچوڑ کہنا چاہیے، اکثر یونیورسٹیوں کے بی۔اے اور ایم۔اے کے نصاب میں داخل رہی ہے، مگر طالب علموں کی ضروریات کو سامنے رکھ کر اس مجموعہ کی غزلوں اور نظموں کے تجزیے یا تشریح کی طرف بھی باضابطہ دھیان نہیں دیا گیا ہے۔ پیشِ نظر کتاب کی تصنیف میں اس ضرورت کا خاص طور پر خیال رکھا گیا ہے۔

کتاب دو حصوں پر مشتمل ہے۔ پہلے حصے میں ''بالِ جبریل'' کی انفرادی خصوصیات واضح کرنے کے بعد اقبال کے دوسرے شعری مجموعوں کے ساتھ اس کا مقابلہ و موازنہ کیا گیا ہے۔ خودی، عقل و عشق اور فن وغیرہ سے متعلق اقبال کے بعض بنیادی تصورات کا بھی مختصر اً جائزہ لیا گیا ہے۔ دوسرے حصے میں اقبال کی مختلف داخل نصاب اور نمائندہ غزلوں اور نظموں کی تشریح اور فنی تجزیے پر زور دیا گیا ہے۔ کتاب کی زبان رواں اور سلیس ہے اور پیش تر نکات مثالوں سے واضح کر دیے گئے ہیں۔ امید ہے ہماری دوسری کتابوں کی طرح یہ بھی مقبول ہوگی۔

بالِ جبریل : ایک جائزہ

حالیؔ، اکبرؔ اور اقبالؔ کی شاعری نے جس ادبی ''تثلیث'' کی بنیاد ڈالی تھی اس کی سب سے اہم شخصیت اقبالؔ ہیں ۔ اس میں شک نہیں کہ یہ تینوں ایک ہی زلفِ گیر کے اسیر اور ایک ہی منزل کے متلاشی ہیں ۔ مگر تینوں کا اپنا اپنا نقطہ نظر اور طریقہ کار ہے اور اسی کی مناسبت سے مرتبہ بھی ۔ حالیؔ اور اکبرؔ بھی قوم و ملّت کا وہی درد اپنے سینے میں پوشیدہ رکھتے تھے جس سے اقبالؔ کا واسطہ ہے، لیکن وہ اس درد کا مداوا انہیں تلاش کر پائے ۔ حالیؔ بھی مغربی تہذیب و تمدن کے بڑھتے ہوئے سیلاب اور اس کی زد میں آ کر بہتے ہوئے مشرقی اقدار و روایات کو تشویش کی نگاہ سے دیکھتے ہیں، لیکن قوم کو اس کے اسلاف کی یاد دلانے اور حال کی بدحالی کا ماتم کرنے کے بعد خاموش ہو جاتے ہیں ۔ اکبرؔ طنز و ظرافت کے ہتھیار لے کر میدان میں اترتے ہیں، لیکن اس تیز و تند سیلاب کے سامنے ایک وقتی رکاوٹ کھڑی کر دینے کے علاوہ اور کچھ نہیں کر پاتے ۔ اقبالؔ ان دونوں کے تجربات سے استفادہ کرنے کے بعد مغرب کی بظاہر خوش نما اور دلفریب تہذیب کے مقابلے میں ایک زیادہ مربوط، بالیدہ اور گہرا نظامِ حیات پیش کرتے ہیں اور اس طرح حالیؔ اور اکبرؔ سے بہت آگے بڑھ جاتے ہیں ۔ بقول ڈاکٹر وزیر آغا:

''(اقبالؔ نے) اسلاف کی عظمت کا تصور تو حالیؔ سے اور مغربی تہذیب کے نفی کا تصور اکبرؔ سے مستعار لیا اور یوں قطعاً غیر شعوری طور پر ایک بلند سطح پر آ کھڑا ہوا'' ۔

اس لحاظ سے دیکھا جائے تو حالیؔ صرف مشرق پرستی تک محدود رہ جاتے ہیں ۔ اکبرؔ مغرب کی ہر شے کو خوف اور نفرت کے ملے جلے جذبات کے ساتھ دیکھتے ہیں اور ایک نوع کی بے بسی کا شکار ہو کر اسے رد کر دیتے ہیں ۔ اس کے برخلاف اقبالؔ مشرقی روایات کا گہرا مطالعہ

رکھتے ہیں ۔مغرب کے ہر نظریے اور اصول پر پوری طرح غور کرتے ہیں ۔ کچھ کمالات کا اعتراف کرتے ہیں اور باقی پر معقول اسباب کے ساتھ اعتراضات کرتے ہیں ۔ساتھ ہی ساتھ مشرقی اخلاق وتہذیب اور مزاج ومعیار کی مناسبت سے اپنا ایک فلسفۂ حیات بھی پیش کرتے ہیں ۔''بانگِ درا'' میں جو اردو میں اقبال کا پہلا مجموعۂ کلام ہے، یہ نظریات اور فلسفے واضح نہیں ہیں،لیکن''بالِ جبریل''میں ان کی ایک مستحکم اور واضح شکل نظر آتی ہے ۔

بالِ جبریل اقبال کی فکری وفنی خوبیوں کا نقطۂ عروج ہے اور یہاں فنی وفکری خوبیاں ایک دوسرے کے ساتھ اس طرح ہم آہنگ نظر آتی ہیں کہ اقبال کو کبھی''فلسفی شاعر''اور کبھی''شاعر فلسفی'' کہنے کے باوجود یہ فیصلہ کرنا مشکل ہو جاتا ہے کہ اقبال شاعری کی حیثیت سے زیادہ بلند ہیں یا مفکری کی حیثیت سے ۔ویسے تو اقبال کے پورے کلام میں فکر وفن کی بے پناہ تہیں پوشیدہ ہیں جن کا اندازہ لگانا بار بار مطالعہ کرنے سے ہی ممکن ہے ۔لیکن اس مجموعۂ کلام کو اقبال کے دیگر اردو دو مجموعوں پر دو اعتبار سے فوقیت حاصل ہے ۔اول تو یہ کہ یہ مجموعۂ کلام''بانگِ درا''کی اشاعت کے تقریباً گیارہ سال بعد ۱۹۳۵ء میں اس وقت منظرِ عام پر آیا جب اردو دان حلقے میں عام طور پر یہ سمجھا جانے لگا تھا کہ اقبال اپنے افکار وخیالات کی پیش کش کے لیے دوبارہ اردو کی طرف توجہ نہیں کریں گے ۔دوم یہ کہ''زبورِ عجم''۱۹۲۷،''جاویدنامہ''۱۹۳۲ء اور''مسافر''۱۹۳۳ء کی تصنیف کے بعد نہ صرف اقبال کے افکار وخیالات میں بلکہ فن میں بھی پختگی پیدا ہو چکی تھی اور وہ ایک ایسے طریقۂ اظہار پر قادر تھے جو پرسوز بھی تھا اور دل نشیں بھی ،جس میں بانگِ درا کا پیغام عمل بھی تھا اور ضربِ کلیمی کی شان بھی ۔اس کے باوجود اس میں فکارانہ حسن تھا،تشبیہات واستعارات کی خوبصورتی اور آہنگ کی دل کشی تھی ۔

پروفیسر کلیم الدین احمد کا خیال ہے کہ:

''پیغام اور شاعری میں کوئی بیر نہیں ہے ،شرط یہ ہے کہ پیغام شعری تجربہ بن جائے''۔

بالِ جبریل میں قاری کو ہر قدم پر ایسے مقامات نظر آتے ہیں جہاں پیغام شعری تجربہ

بن گیا ہے اور"شاعری جزویت از پیغمبری"کا نمونہ سامنے آیا ہے۔دراصل اقبال کے سلسلے میں جو بحث ایک عرصے سے چلی آرہی ہے کہ ان کی شاعری میں فن حاوی ہے یا مقصد،اس کا جواب"بالِ جبریل"کی نظموں میں بہ آسانی تلاش کیا جاسکتا ہے اور آخر کار اس فیصلے پر پہنچا جاسکتا ہے کہ فن سے اپنی بے نیازی اور فکر و فلسفہ سے اپنی قربت کا باربار اظہار کرنے کے باوجود اقبال فنی تقاضوں سے نہ صرف واقف ہیں بلکہ انھیں پورا بھی کرتے ہیں۔

بالِ جبریل کے شارح پروفیسر یوسف سلیم چشتی نے اس مجموعے کی فکری و فنی خصوصیات مختلف نکات کے تحت بیان کی ہیں جن کا خلاصہ یہ ہے کہ اس کتاب میں اقبال کے مختلف نظریات و افکار واضح طور پر سامنے آئے ہیں اور مختلف عالمی اہمیت کے موضوعات پر بھی اقبال نے کھل کر اظہارِ خیال کیا ہے۔خدا اور دینِ اسلام سے اقبال کی گہری عقیدت اور محبت کا بھی اس مجموعے کی غزلوں اور نظموں میں اظہار ہوا ہے۔تشبیہات،استعارات و کنایات اور ترکیبات کے خوب صورت استعمال نے بیش تر غزلوں اور نظموں کو شاعرانہ حسن سے بھی مالامال کر دیا ہے اور اکثر اقبال کی جدت طرازی کے خوب صورت نمونے قاری کے سامنے آتے ہیں۔ کلامِ اقبال میں تشبیہات اور استعارات کا جو بانکپن ملتا ہے،اس کی طرف پروفیسر آلِ احمد سرور نے یوں اشارہ کیا ہے :

"اقبال کی تشبیہات و استعارات میں ان کے اسلوب کی گرمی، بلند آہنگی،
شوکت اور رفعت جھلکتی ہے"

اقبال کے مختلف افکار و نظریات میں ان کا فلسفۂ خودی ایک خاص اہمیت رکھتا ہے۔ "بالِ جبریل"میں پہلی بار انھوں نے اس تصورِ خودی کی اردو میں تشریح کی ہے۔اس سے پہلے گرچہ فارسی میں اپنے نظریۂ خودی کی وضاحت کر چکے تھے،مگر عام لوگوں کی وہاں تک پہنچ نہیں تھی۔خودی کے علاوہ عشق اور عقل،علم اور عمل،حیات و موت،فقر اور مومن وغیرہ موضوعات پر بھی انھوں نے غزلوں اور نظموں میں روشنی ڈالی ہے۔اس کی بعض مشہور اور بہترین نظمیں اور غزلیں ہندستان سے باہر مختلف یورپی اور ایشیائی ممالک کے قیام کے دوران لکھی گئی ہیں اور اس میں

ذاتی تجربات و احساسات کا ایک ایسا نمونہ ملتا ہے جس کی مثال اردو شاعری میں نایاب نہیں تو کمیاب ضرور ہے۔ مسجدِ قرطبہ، ساقی نامہ وغیرہ طویل نظموں کے ساتھ ساتھ یہاں ''فرشتوں کا گیت'' اور ''جبریل و ابلیس''، جیسی مختصر نظمیں بھی موجود ہیں، جس سے یہ ظاہر ہوتا ہے کہ اقبالؔ کی فکر اپنے اظہار کے لیے کسی مخصوص سانچے یا پیمانے کی محتاج نہیں ہے۔ بہتر ہوگا کہ علاحدہ عنوانات کے تحت بالِ جبریل میں پیش کردہ بعض اہم نکات کا قدرے تفصیل سے جائزہ لیا جائے۔

بالِ جبریل کی غزلیں

اقبالؔ کا خاص فن نظم نگاری ہے، لیکن بالِ جبریل کی غزلوں میں بھی نظم کی شان نظر آتی ہے اور یہ دیکھ کر سخت حیرانی ہوتی ہے کہ اقبالؔ نے غزل کے محدود پیمانے میں بھی کس طرح فنکر و فلسفہ کا سمندر لپیٹ لیا ہے۔ غزل کے صرف ایک شعر میں تاریخ اور فلسفہ کا بیان بے حد دشوار ہے، لیکن اقبالؔ نے یہ کام بڑی فنکاری کے ساتھ انجام دیا ہے۔ مثالیں ملاحظہ ہوں۔

متاعِ دین و دانش لٹ گئی اللہ والوں کی

یہ کس کافر ادا کا غمزۂ خوں ریز ہے ساقی

اس شعر میں جس کنایہ سے کام لیا گیا ہے، اس نے شعر میں جان ڈال دی ہے۔ مسلمانوں اور انگریزوں کے تصادم کی پوری تاریخ اور بالآخر انگریزوں کی فریب کاری سے مسلمانوں کے متاثر ہو جانے کا شاعرانہ بیان روایت کی پوری پابندی کے ساتھ اس سے زیادہ بہتر انداز میں ممکن نہیں ہے۔ یہ اشعار دیکھیے۔

وہ فریب خوردہ شاہیں کہ پلا ہو کرگسوں میں

اسے کیا خبر کہ کیا ہے رہ و رسمِ شاہ بازی

اور ۔

نہیں فقر و سلطنت میں کوئی امتیاز ایسا

یہ سپہ کی تیغ بازی ، وہ نگہ کی تیغ بازی

شاہین اور کرگس کے کنایوں میں پوری قوم کی گمراہی اور بدحالی و بے خبری کا نقشہ اس طرح پیش کرنا صرف اقبال ہی کا کام ہے ۔ فقرا اور بادشاہی کا فرق شاعرانہ پیرائے میں بیان کر کے فقر کی عظمت کا احساس دلانا اور وہ بھی اس طرح کہ مقصدِ فن پر بوجھ نہ بنے، کسی دوسرے سے اس طرح ممکن نہیں ۔ اسی طرح تصوف، خودی، زندگی اور عشق عقل وغیرہ سے متعلق بے حد وسیع اور اہم خیالات صرف ایک شعر میں پیش کر دیے گئے ہیں ۔ بعض اشعار میں اسلوب کی دل کشی اور تشبیہات و استعارات کے حسنِ استعمال نے ایک ایسی نغمگی پیدا کر دی ہے جس کی مثال ملنی مشکل ہے ۔ مثلاً یہ اشعار ملاحظہ ہوں۔

گیسوے تابدار کو اور بھی تاب دار کر

ہوش و خرد شکار کر، قلب و نظر شکار کر

عشق بھی ہو حجاب میں، حسن بھی ہو حجاب میں

یا تو خود آشکار ہو، یا مجھے آشکار کر

باغِ بہشت سے مجھے حکمِ سفر دیا تھا کیوں

کارِ جہاں دراز ہے، اب میرا انتظار کر

بالِ جبریل کی ابتدائی غزلوں میں ایک ایسی شوخی اور طنز کا احساس ہوتا ہے جو خدا سے شاعر کی گہری قربت کا ثبوت ہے ۔ مثلاً۔

تونے یہ کیا غضب کیا مجھ کو بھی فاش کر دیا

میں ہی تو ایک راز تھا سینۂ کائنات میں

یا۔

ترے شیشے میں مے باقی نہیں ہے

بتا کیا تو مرا ساقی نہیں ہے

سمندر سے ملے پیاسے کو شبنم

بخیلی ہے یہ رزّاقی نہیں ہے

مجموعی طور پر بالِ جبریل کی غزلوں میں فلسفہ اور شاعری کا ایک حسین امتزاج ملتا ہے ۔ زندگی کی حقیقتیں، تصوف کے رموز و نکات، قوموں کے عروج و زوال کے تاریخی واقعات، حال و مستقبل سے متعلق فلسفیانہ خیالات اور خالق و مخلوق کے تعلقات کا ایک ایسا شاعرانہ بیان یہاں موجود ہے، جس میں افکار و خیالات کی ندرت اور تازگی بھی ہے اور اسلوب کی دل کشی بھی ۔

بالِ جبریل کی نظمیں

بالِ جبریل میں مختلف قسم کی نظمیں شامل ہیں ۔ کچھ ایسی نظمیں ہیں جن کے خیالات دوسری زبانوں سے ماخوذ اور زیادہ تر ایسی ہیں جو طبع زاد ہیں ۔ کچھ طویل نظمیں ہیں اور کچھ بے حد مختصر بھی ۔ لیکن اقبالؔ کا مخصوص نقطہ نظر، فلسفۂ حیات اور پیغام ہر جگہ موجود ہے ۔ یہ بھی ایک حقیقت ہے کہ شاعری کو اقبالؔ نے محض وسیلے اور واسطے کے طور پر استعمال کیا ہے ورنہ اس کا خاص مقصد پیغام رسانی کے سوا اور کچھ بھی نہیں ۔ مسجدِ قرطبہ، ذوق و شوق اور ساقی نامہ میں خیالات وضاحت کے ساتھ مختلف دلائل اور شواہد کی روشنی میں پیش کیے گئے ہیں ۔ کیونکہ یہاں تفصیل کی پوری گنجایش موجود تھی ۔ اس کے برخلاف فرشتوں کا گیت اور دین و سیاست وغیرہ نظموں میں براہِ راست پیغام رسانی کا طریقہ اپنایا گیا ہے ۔ ظاہر ہے کہ مختصر نظموں میں شعری لطافت اور حسن کی کمی ہے اور طویل نظموں میں مختلف شعری محاسن جلوہ گر ہیں لیکن بے کیفی اور سپاٹ پن کہیں نہیں ہے ۔ ان نظموں میں عقل و عشق، حیات و موت، فقر و سلطنت، خودی و بے خودی وغیرہ کے موضوع پر اقبالؔ نے تفصیل سے اظہارِ خیال کیا ہے اور اپنے اکثر خیالات کو مثالوں سے واضح کرنے کی کوشش کی ہے ۔ بعض مختصر نظموں میں اقبالؔ اشتراکی خیالات سے قریب تر ہو گئے ہیں ۔ لیکن مجموعی طور پر انھوں نے اپنے بنیادی تصورات اور نظریات کی وضاحت اور تشریح پر ہی زور دیا ہے ۔ تلمیحات و ترکیبات اور تشبیہات و استعارات کے برمحل استعمال نے نظموں کی دل کشی میں اضافہ کر دیا ہے ۔

بالِ جبریل اور بانگِ درا

''بانگِ درا'' اقبال کا پہلا مجموعۂ کلام ہے اور بالِ جبریل دوسرا۔ان دونوں میں صرف موضوعات بلکہ اسلوب کے اعتبار سے بھی کافی فرق ہے ۔ بانگِ درا کی بیش تر اچھی نظموں میں فطرت کی خوب صورت منظرکشی ملتی ہے ۔ یہاں اقبال وطن پرستی کے جذبے سے سرشار ہیں اور ان کا مقصد ہندستانیوں کے دل میں جد و جہد کا شوق پیدا کر کے انھیں انگریزوں کے خلاف ایک محاذ کھڑا کرنا ہے ۔

کچھ نظموں مثلاً شکوہ ، جواب شکوہ ، طلوعِ اسلام اور خضرِ راہ وغیرہ میں گرچہ اقبال کے مخصوص خیالات اور اندازِ فکری کی پر چھائیاں نظر آتی ہیں ، لیکن خودی ، انسانِ کامل ، عقل و عشق وغیرہ اہم موضوعات پر یہاں اظہارِ خیال نہیں کیا گیا ہے ۔ فنی اور فکری حسن کے نمونے یہاں الگ الگ دکھائی دیتے ہیں ۔ مگر دونوں میں ہم آہنگی بہت کم پیدا ہوتی ہے ۔ اس کے برخلاف بالِ جبریل کی نظموں میں فلسفہ شعر بن جاتا ہے ۔ یہاں اقبال کے وہ اہم تصورات اور نظریات پیش ہوئے ہیں جن کے بغیر اس کی عظمت کا اندازہ نہیں لگایا جا سکتا ہے ۔ یہاں اقبال کے تجربات و خیالات کی دنیا ، منظر نگاری یا وطن پرستی تک محدود نہیں ہے بلکہ اس کے حلقۂ خیال میں بہت کچھ سمٹ آیا ہے ۔

بالِ جبریل اور ضربِ کلیم

بالِ جبریل اور ضربِ کلیم دونوں ہی میں اقبال کے افکار و نظریات کا بھر پور اظہار ہوا ہے ۔ لیکن ان دونوں کے اندازِ بیان اور اسلوب میں بہت فرق ہے ۔ پروفیسر یوسف سلیم چشتی نے اس فرق کی طرف اس طرح اشارہ کیا ہے کہ:

''بالِ جبریل کا مقصد ...... اعلا روحانی حقائق کا اثبات ہے ۔

ضربِ کلیم کا مقصد ...... غلط عقائد اور باطل افکار کا ابطال ہے ۔

حقیقت یہ ہے کہ بالِ جبریل اور ضربِ کلیم کے سرِ ورق پر لکھے ہوئے اشعار سے ہی ان دونوں کے لہجے کا فرق بہ آسانی محسوس کیا جا سکتا ہے۔ بالِ جبریل کی ابتدا میں یہ شعر درج ہے

اٹھ کہ خورشید کا سامانِ سفر تازہ کریں

نفس سوختہ شام و سحر پیدا کریں

اس شعر میں اسلوب کی جو دل کشی ہے وہ ظاہر ہے۔ اب ضربِ کلیم کا یہ شعر ملاحظہ ہو

ہزار چشمہ ترے سنگِ راہ سے پھوٹے

خودی میں ڈوب کے ضربِ کلیم پیدا کر

صاف پتا چلتا ہے کہ دوسرے شعر میں شعریت کی کمی ہے۔ بالِ جبریل اور ضربِ کلیم میں بھی یہی بنیادی فرق ہے کہ گرچہ علمی و فکری نکات دونوں ہی جگہ بیان ہوئے ہیں۔ مگر بالِ جبریل میں فنکاری، دل کشی اور شگفتگی ہے۔ جب کہ ضربِ کلیم میں خشکی، سپاٹ پن اور نرا پیغام۔ شاید اسی لیے بالِ جبریل میں جو پیغامات پیش کیے گئے ہیں وہ ہمیں متاثر کرتے ہیں۔ جب کہ ضربِ کلیم کی تیز آواز ہمیں چونکاتی تو ضرور ہے، متاثر نہیں کرتی۔ راجہ بھرتری کا اشلوک پیش کر کے اقبال نے ابتدا میں ہی یہ ظاہر کر دیا ہے کہ یہ کتاب گرچہ علم کا خزانہ ہے، مگر عقل مند لوگ ہی یہ خزانہ حاصل کر سکتے ہیں۔

اقبال کا تصورِ خودی

اقبال کے تمام نظریات میں ان کا تصورِ خودی سب سے زیادہ اہمیت رکھتا ہے۔ اسے دراصل اقبال کی ساری تعلیمات کا نچوڑ اور سارے افکار کی روح سمجھنا چاہیے۔ یہی وجہ ہے کہ اقبال نے بار بار اپنے اس تصور کی طرف اشارہ کیا ہے اور اسے مثالوں سے سمجھانے کی کوشش کی ہے۔ مثلاً

یہ موجِ نفس کیا ہے تلوار ہے

خودی کیا ہے تلوار کی دھار ہے

خودی کیا ہے رازِ درونِ حیات ہے

خودی کیا ہے بیداریِ کائنات

خودی کا نشیمن ترے دل میں ہے

فلک جس طرح آنکھ کے تل میں ہے

یا۔

بے ذوقِ نمود زندگی موت

تعمیر خودی میں ہے خدائی

رائی زورِ خودی سے پربت

پربت ضعفِ خودی سے رائی

یا۔

خودی وہ بحر ہے جس کا کوئی کنارا نہیں

تو آبِ جو اسے سمجھا اگر تو چارا نہیں

خودی کا لفظ بالکل نیا نہیں ہے لیکن اقبال نے اسے ایک نئے معنیٰ میں استعمال کیا ہے۔اقبال سے پہلے خودی کو عام طور سے غرور اور تکبر کے مترادف سمجھا جاتا تھا۔لیکن اقبال نے اس لفظ کو نئی وسعت دی اور اسے پہلی بار ''عرفانِ نفس'' کے لیے استعمال کیا۔اقبال دراصل رومی کے اس خیال سے متفق ہیں کہ یہ پوری کائنات اور اس کی ہر شے ابھی تکمیل کے مرحلے سے گزر رہی ہے اور یہ ناتمام ہونے کا احساس تخلیق اور تسخیر کے عمل کو برابر جاری رکھے ہوئے ہے۔اس لیے انسان کا مقصد بھی اپنی ذات کو فنا کر دینا نہیں ہے بلکہ اسے باقی رکھتے ہوئے کائنات کی تعمیر اور تکمیل میں حصہ لینا ہے۔اقبال کا یہ نظریہ ایک طرف تو وحدت الوجود کے مروج صوفیانہ عقائد کے خلاف ہے اور دوسری طرف ہیگل اور اس کے ہم خیالوں کے نظریہ سے بھی بالکل مختلف ہے۔کیونکہ فرد کی شخصی آزادی کا تصور نہ تو ہیگل کے لیے قابل قبول ہے اور نہ

صوفیوں کے لیے صوفی تو حیاتِ کلی، یا بالفاظِ دیگر ذاتِ خداوندی میں انسانی ہستی کو فنا کر دینے کو ہی معراج سمجھتا ہے۔ جب کہ اقبال زیادہ سے زیادہ صفاتِ الٰہی اپنے اندر پیدا کر کے خدا کے قریب سے قریب تر ہونے کا مشورہ دیتے ہیں۔ اس لیے صوفیوں کے پیش کردہ تصورِ خودی سے اگر جمود پیدا ہوتا ہے تو اقبال کے تصور سے حرکت و عمل کا جذبہ۔ اقبال نے صوفیوں پر گہرا طنز کیا ہے ۔

مرا سبو چہ غنیمت ہے اس زمانے میں
کہ خانقاہ میں خالی ہیں صوفیوں کے کدو

پروفیسر یوسف حسین خاں نے 'روحِ اقبال' میں اسی نکتے کو اس طرح بیان کیا ہے:
'' اقبال کے نزدیک خودی اور زندگی مترادف ہیں۔ خودی ذوقِ تسخیر بھی ہے اور ذوقِ خود آگہی بھی۔ یہی ذوقِ طلب کی محرک ہے۔ اس لیے اس کا اثبات اور استحکام ضروری ہے۔ اس کے برخلاف صوفی کہتا ہے کہ خودی کا احساسِ وجود کو اپنے اصل یعنی ذاتِ واجب میں جذب ہونے سے روکتا ہے۔ اس لیے اسے مٹا دینا چاہیے۔ انسان کا منتہائے مقصود یہ ہے کہ وہ حیاتِ کلی میں جذب ہو جائے۔ جیسے قطرہ دریا میں جذب ہو جاتا ہے ...... یہی ترکِ خودی ہے۔ جس کی اقبال نے مخالفت کی ہے''۔

اقبال کے خیال میں خودی انسان کے اعلا ترین وصف کا نام ہے۔ یہی وہ مرکزِ حرکت و عمل ہے جہاں سے ساری تخلیقی قوتوں کے سر چشمے پھوٹتے ہیں۔ شانِ یکتائی پیدا کرنے کے لیے خودی کو تین منزلوں سے گزرنا ہوتا ہے۔ اتباعِ شریعت یا اطاعت، ضبطِ نفس اور نیابتِ الٰہی۔ گویا تکمیلِ خودی کی پہلی شرط یہ ہے کہ انسان حدودِ شرعی میں رہتے ہوئے اور احکاماتِ الٰہی کی پیروی کرتے ہوئے اپنے اندر صفاتِ خداوندی پیدا کرے۔ دوسری منزل یہ ہے کہ وہ اپنے نفس کو تمام دنیوی لذتوں کے لالچ اور مصیبتوں کے خوف سے آزاد کرا لے۔ ان دونوں منزلوں سے گزر کر جب انسان نیابتِ الٰہی کی منزل پر پہنچ جاتا ہے تو وہ دنیا میں اللہ کا خلیفہ اور

نائب ہوتا ہے۔

اقبالؒ نے اپنے تصورِ خودی کی تشکیل میں دو شخصیتوں سے خاص طور پر اثر قبول کیا ہے۔ ایک نطشے اور دوسرے رومیؒ۔ لیکن اقبال ان دونوں سے صرف اسی حد تک متاثر ہیں جہاں تک وہ حرکت و عمل کو زندگی کے لیے لازم قرار دیتے ہیں۔ اقبالؒ کا بھی یہی خیال ہے کہ انسان مختلف مرحلوں سے گزرنے کے بعد انسانیت کے موجودہ مرتبے پر فائز ہوا ہے۔ مگر یہ اس کی آخری منزل نہیں ہے۔ ابھی اسے اور آگے بڑھنا ہے اور ملکوتی درجے پر پہنچنا ہے۔ لیکن اقبالؒ کے یہاں رومیؒ کی طرح بے خودی نہیں ہے۔ وہ نطشے کی طرح خودی کو بے لگام بھی نہیں چھوڑنا چاہتے۔ بقول پروفیسر جگن ناتھ آزاد:

''نطشے کے superman اور اقبالؒ کے مردِ مومن میں بنیادی فرق یہ ہے کہ نطشے اپنے superman تک منفی راستے سے پہنچا ہے اور اقبالؒ نے مردِ مومن کا تصور مثبت انداز سے پیش کیا ہے''۔

رومیؒ کا خیال ہے کہ یہ ساری تگ و دو اور کوشش صرف وصالِ یار کے لیے ہے اور وصل ہی زندگی کی معراج ہے۔ لیکن اقبال فراق اور آرزو مندی کو ہی اصل حیات سمجھتے ہیں۔ وہ جانتے ہیں کہ اگر آرزو زندہ رہے گی اور وصال ہو جائے گا تو پھر جمود پیدا ہوگا۔ اس لیے وہ فراق کے آرزو مند ہیں۔ نطشے کے برعکس اقبالؒ نے خودی کو ہمیشہ خدا کے تابع رکھا ہے۔ ان کا انسانِ کامل خودی کے اعلیٰ ترین مقام پر فائز ہونے کے باوجود خدائی کا دعویٰ نہیں کرتا بلکہ بندگی میں ہی خوش رہتا ہے۔ اقبالؒ کا انسانِ کامل عبدیت کے اعلیٰ ترین درجے پر ہے۔ مگر معبود نہیں بننا چاہتا۔ اس کو اقبالؒ ''یزدانی خودی'' کہتے ہیں اور یہی ان کے نظریات کا محور و مرکز ہے۔

اقبالؒ کا نظریۂ حیات

اقبالؒ زندگی کو تربیتِ خودی کے لیے وقف کر دینا ہی زندگی کا مقصدِ اولیں سمجھتے ہیں۔ ظاہر ہے کہ عشق تربیتِ خودی میں بہت بڑا معاون ہے اور اقبالؒ کے یہاں عشقِ پُرخلوص

حرکت و عمل کے بغیر کبھی بھی حصولِ مدعا میں کامیاب نہیں ہوسکتا۔ اس لیے زندگی حرکت و عمل کا دوسرا نام ہے۔ مایوسی کفر کے مترادف ہے اور عملِ پیہم ہی زندگی کے ارتقا کی ضمانت ہے۔ حرکت ہی دلیلِ زندگانی ہے۔

اقبالؔ نے مختلف اصطلاحات کو نئے معنیٰ میں استعمال کیا ہے۔ ان کا خیال ہے کہ جو آدمی اسرارِ حیات کو سمجھ لینے کے بعد اپنے آپ میں تربیتِ خودی کے ذریعے صفاتِ خداوندی پیدا کر لیتا ہے وہ مردِ مومن بن جاتا ہے۔ مردِ مومن کے دل میں ایک پوشیدہ قوت ہوتی ہے، جو اسے حسنِ ازل یعنی خدائے بزرگ و برتر کے لازوال حسن کی طلب میں مشغول رکھتی ہے۔ پوشیدہ قوت وجدان ہے، جس کے سہارے وہ راہِ طلب میں آگے بڑھتا ہے اور یہ طلب اور تمنا عشق ہے۔ جو شخص ”حسنِ ازل“ کے عشق میں مبتلا ہو جاتا ہے اس میں فقر کی خصوصیات بھی پائی جاتی ہیں۔ گویا وہ اللہ کے تمام بندوں اور ساری مخلوقات کے سامنے بے حد عجز و انکسار کا مظاہرہ کرتا ہے، لیکن اس کا یہ انکسار کسی دنیوی خوف یا لالچ کے سبب نہیں بلکہ خدا کی خوشنودی حاصل کرنے کے لیے ہوتا ہے۔ ایسا شخص چونکہ ہمیشہ حسنِ ازل کی تلاش میں سرگرداں رہتا ہے اس لیے اس کی زندگی میں سکون کا کوئی لمحہ نہیں آتا۔ وہ زندگی کو حرکت کا دوسرا نام سمجھتا ہے اور ہمیشہ مصروفِ کار رہتا ہے ؏

چیست حیاتِ دوام سوختنِ ناتمام

کے مصداق وہ عشق کی آگ دل میں روشن کیے ہوئے ہمیشہ تربیتِ خودی کی مختلف منزلیں طے کرتا جاتا ہے۔ یہی حرکت زندگی ہے اور زندگی کی محافظ بھی۔

اقبالؔ کا خیال ہے کہ اسلام کی روح چونکہ سکون سے نہیں بلکہ حرکت سے عبارت ہے اس لیے مسلمان کی زندگی میں منزل یا سکون کہیں نہیں ہے۔

اقبال کا تصورِ عقل و عشق

اقبال نے اپنی مختلف نظموں میں عقل اور عشق کے بارے میں اپنے خیالات پیش کیے ہیں اور عام طور سے عشق کو عقل سے برتر اور بڑا تسلیم کیا ہے۔ کہتے ہیں ۔

عقل و دل و نگاہ کا مرشدِ اولیں ہے عشق
عشق نہ ہو تو شرع و دیں بت کدۂ تصورات

اور ۔

بے خطر کود پڑا آتشِ نمرود میں عشق
عقل ہے محوِ تماشاۓ لبِ بام ابھی

عشق کی بلندی اور عظمت کا یہ حال ہے کہ ۔

صدق خلیلؑ بھی ہے عشق، صبرِ حسینؓ بھی ہے عشق
معرکۂ وجود میں بدر و حنین بھی ہے عشق

اپنی مشہور نظم ''مسجدِ قرطبہ'' میں اقبال نے خاص طور پر عشق کی عظمت بیان کی ہے، اور ''مسجدِ قرطبہ'' کی شاندار اور لا زوال تعمیر کو عشق ہی کا معجزہ قرار دیا ہے۔ غرض یہ کہ وہ ہر طرح عشق کو عقل پر فضیلت دیتے ہیں اور یہ احساس دلا نا چاہتے ہیں کہ بغیر عشق کی مدد کے علم اور عقل ہر گز کامیاب نہیں ہو سکتے۔ غور کرنے کی بات یہ ہے کہ اقبال نے ''عشق'' کا لفظ کس معنٰی میں استعمال کیا ہے۔ کیا یہ وہی عشق ہے جس کے ذکر سے ہمارے غزل گو شعرا کے دیوان بھرے پڑے ہیں۔ صاف ظاہر ہے کہ اقبال کے سامنے عشق کا وہ سطحی مفہوم نہیں ہے۔ بلکہ وہ عشق کو ایک ایسی قوت سمجھتے ہیں جو انسان کی سچی اور درست رہنمائی کا فرض انجام دیتی ہے۔ یہ وہ جذبہ ہے جو اس کشاکش سے بھری ہوئی دنیا میں امن و سکون قائم کرتا ہے۔ اقبال کا خیال ہے کہ عشق وہ رہبر ہے جو ارتقاۓ خودی کے طویل سفر میں انسان کی رہنمائی کرتا ہے۔ یہاں تک کہ اسے مرتبۂ جبر سے مرتبۂ اختیار تک پہنچا دیتا ہے۔ خودی میں عشق سے استواری پیدا ہوتی ہے اور

سوال سے کمزوری۔عشق کی اعلا ترین صورت یہ ہے کہ ایک نصب العین سامنے رکھ کر اسے حاصل کرنے کی کوشش کی جائے۔لیکن سکون کی کیفیت خودی کے لیے زہر ہے،اس لیے انسان کو چاہیے کہ وہ اپنے لیے ہمیشہ بلند سے بلند تر مقاصد منتخب کرتا جائے اور ان کے حصول کی کوشش کرے۔ظاہر ہے کہ اس طرح عشق کا جذبہ ہمیشہ دل میں زندہ رہے گا۔

اقبالؔ کے مذکورہ بالا اشعار یا اسی طرح کے دوسرے اشعار کا سرسری مطالعہ ہمیں اس غلط فہمی میں مبتلا کر دیتا ہے کہ اقبالؔ عقل کے مخالف ہیں لیکن حقیقت ایسی نہیں ہے۔اقبالؔ عقل کو بھی زندگی کی خوش حالی اور رہنمائی کے لیے ضروری سمجھتے ہیں۔لیکن ان کے خیال سے عقل میں جرأت کی بڑی کمی ہے۔عقل محض گتھیاں سلجھانے میں رہ جاتی ہے جب کہ عشق زندگی کی ہر پرخطر رہ گزر پر بغیر کسی جھجک کے قدم بڑھا دیتا ہے۔اقبالؔ یہ بھی محسوس کرتے ہیں کہ عقل کا دائرۂ کار محدود ہے اور اس کی نگاہ بہت زیادہ دور بیں نہیں ہے اس لیے اس پر بھروسہ کرنے سے کبھی کبھی دھوکا بھی کھایا جا سکتا ہے۔اس کے برخلاف عشق چونکہ ایک جذبہ ہے اس لیے اس کی صداقت سے دھوکے کی امید نہیں۔

بات دراصل یہ ہے کہ اقبالؔ نے عقل کا جو تصور پیش کیا ہے وہ مادی ہے۔جب کہ ان کے یہاں عشق کا تصور سراسر روحانی ہے۔ایسی صورت میں انسانِ کامل کی تشکیل و تکمیل کا مرحلہ ہو یا خودی کے فروغ کا۔عشق کو بہرحال فوقیت حاصل ہونی چاہیے اور ہوتی بھی ہے کیونکہ مادے کو روح پر کبھی فوقیت حاصل نہیں ہو سکتی۔اگر ایسا ہوتا ہے اور مادہ غلبہ پا لیتا ہے تو روح کثیف ہو جاتی ہے جو اقبالؔ کو گوارا نہیں۔

مختصر یہ کہ اقبالؔ عقل کی کوتاہیوں سے واقف ہیں اور دوسروں پر بھی انھیں واضح کر دینا چاہتے ہیں۔زندگی کی رہ گزر پر قدم بڑھاتے وقت وہ عقل کے ذریعہ منزل کا علم حاصل کرنا چاہتے ہیں اور اس منزل تک پہنچنے کے لیے عشق کی رہبری قبول کرتے ہیں۔دونوں ہی زندگی کے سفر میں کارآمد ہیں مگر دونوں کا اپنا اپنا طریقۂ کار ہے۔اقبالؔ کو عشق کا انداز زیادہ پسند ہے۔

اقبال کا نظریۂ فن

اقبال کے نظریۂ فن کی وضاحت میں یہ شعر برابر نقل ہوتا رہا ہے کہ:

رنگ ہو یا خشت و سنگ چنگ ہو یا حرف و صوت

معجزۂ فن کی ہے خونِ جگر سے نمود

اردو شاعری کے لیے ''خونِ جگر'' کا لفظ نیا نہیں ہے۔ میرؔ نے کہا تھا:

غزل میرؔ یاں کوئی موزوں کرو

تاَمّل کرو دل جگر خوں کرو

لیکن اقبالؔ نے ''خونِ جگر'' کا لفظ ایک نئی وسعت اور معنویت کے ساتھ استعمال کیا ہے۔ ان کا خیال ہے کہ صرف شاعری کے لیے ہی نہیں بلکہ فن مصوری، موسیقی، تعمیر، مجسمہ سازی اور خطاطی کی کامیابی کے لیے بھی یہ ضروری ہے کہ اس میں فن کار کی شخصیت کا لطیف ترین جوہر یعنی خلوص اور صداقت شامل ہو۔ اقبالؔ کے نزدیک شاعری میں بھی وسیلۂ اظہار یا پیرایۂ بیان کی اتنی اہمیت نہیں جتنی داخلی جذبات کی ہے۔ یہ جذبات، تجربات سے فراہم ہوتے ہیں اور تجربات میں شاعر کا خونِ جگر صرف ہوتا ہے اس لیے شاعری کو شاعری بنانے کے لیے خونِ جگر ضروری

ہے۔

اقبالؔ شاعری کو ایک خداداد صلاحیت مانتے ہیں۔ گر چہ کوشش اور محنت کو بھی اس کی خوبصورتی میں اضافہ کا سبب سمجھتے ہیں۔ بقول خلیل الرحمٰن اعظمی:

''اقبالؔ کا نظریہ اس سلسلے میں بے حد متوازن ہے۔ وہ شاعری کی صلاحیت کو وہبی سمجھتے ہیں لیکن فن کی نشو و نما اور اسے اعلا مدارج تک لے جانے کے لیے شعوری کوشش، اکتسابِ ہنر اور تراش خراش کو بھی لازمی قرار دیتے ہیں''۔

اقبالؔ کے نظریۂ فن میں تمام فنونِ لطیفہ شامل ہیں ۔ مثال کے طور پر مصوری میں رنگوں کی بھی اہمیت ہے مگر مصور کا خلوص زیادہ کام آتا ہے ۔ رنگ تو یکساں رہتے ہیں ۔ ہم اور آپ جو رنگ استعمال کرتے ہیں وہی پکاسو نے بھی استعمال کیے تھے مگر اس کے خلوص نے تصویروں میں جان ڈال دی ۔ تاج محل میں جس قدر رنگ مرمر لگا ہوا ہے اس کی دوگنی مقدار سے بھی تاج محل جیسی عمارت نہیں بنا سکتے ۔ بانسری سے جو آواز نکلتی ہے ، عمارت سے جو حسن پھوٹتا ہے ، میدانِ جنگ میں جس شجاعت کا مظاہرہ دیکھنے میں آتا ہے وہ صرف بانسری کی لکڑی ، تعمیر کے سامانوں یا لڑائی کے ہتھیاروں کا مرہونِ منت نہیں بلکہ اس میں اس فن کار کا خلوص ، اس کی صداقت اور لگن کا زیادہ ہاتھ ہوتا ہے ۔ اس کو اقبالؔ ''خونِ جگر'' کہتے ہیں اور کسی بھی فن کی کامیابی کے لیے اسے ضروری قرار دیتے ہیں ۔ اسی لیے اقبالؔ نے کہا ہے ۔

نقش ہیں سب نا تمام خونِ جگر کے بغیر

نغمہ ہے ، سودائے خام خونِ جگر کے بغیر

اقبالؔ کے مذکورہ بالا تصورِ فن کو سامنے رکھ کر خود ان کے کلام کا مطالعہ کیا جائے تو یہ حقیقت ظاہر ہو جاتی ہے کہ اقبالؔ نے کبھی اندازِ بیان کو اہمیت نہیں دی ۔ انھوں نے صاف طور پر کہا ۔

نغمہ کجا و من کجا سازِ سخن بہانہ ایست
سوئے قطار می کشم ناقہ بے زمام را

اور ۔

مری نوائے پریشان کو شاعری نہ سمجھ
کہ میں ہوں محرم رازِ درونِ مے خانہ

پروفیسر باقر مہدی نے ان کے نظریۂ شاعری پر روشنی ڈالتے ہوئے ٹھیک ہی لکھا ہے کہ :

''ان کے یہاں شاعری مقصد نہیں ذریعہ ہے ۔ ان کے خلّاق ذہن اور

روشن فکر نے ایک پیغام کی تشکیل کی تھی اس پیغام کو لوگوں تک پہنچانے کے لیے انھوں نے شاعری کو ذریعہ بنایا جس پر انھیں پوری طرح دسترس حاصل تھی،،

اقبال پر اعتراض کرنے والوں نے ان کے کلام میں بہت سی فنی غلطیاں نکالی ہے لیکن جیسا کہ اقبال نے خود کہا ہے کہ شاعری ان کے لیے محض ایک وسیلہ ہے جسے وہ اپنے مقصد کی پیش کش کے لیے استعمال کرتے ہیں ۔ ظاہر ہے کہ اپنے مقصد سے انھیں بے پناہ محبت اور خلوص ہے ۔ اقبال کی نوائے پریشاں میں ان کے دل و جگر کا خون شامل ہے اس لیے ان کے کلام میں ''بانگِ درا'' کی تاثیر اور ''بالِ جبریل'' کی رفعت پیدا ہوئی ہے اور ان کا فن لازوال بن گیا ہے ۔

اعجاز علی ارشد

مسجد قرطبہ

سلسلۂ روز و شب ، نقش گرِ حادثات

سلسلۂ روز و شب اصل حیات و ممات

سلسلۂ روز و شب تارِ حریرِ دو رنگ

جس سے بناتی ہے ذات اپنی قبائے صفات

سلسلۂ روز و شب سازِ ازل کی فغاں

جس سے دکھاتی ہے ذات زیر و بمِ ممکنات

تجھ کو پرکھتا ہے یہ، مجھ کو پرکھتا ہے یہ

سلسلۂ روز و شب صیرفیِ کائنات

تو ہے اگر کم عیار میں ہوں اگر کم عیار

موت ہے تیری برات موت ہے میری برات

تیرے شب و روز کی اور حقیقت ہے کیا

ایک زمانے کی رو جس میں نہ دن ہے نہ رات

آنی و فانی تمام معجزہ ہائے ہنر

کارِ جہاں بے ثبات کارِ جہاں بے ثبات

اول و آخر فنا، باطن و ظاہر فنا

نقشِ کہن ہو کہ نو منزلِ آخر فنا

ہے مگر اس نقش میں رنگِ ثباتِ دوام
جس کو کیا ہو کسی مردِ خدا نے تمام

مردِ خدا کا عمل عشق سے صاحبِ فروغ
عشق ہے اصلِ حیات موت ہے اس پر حرام

تند و سبک سیر ہے گرچہ زمانے کی رَو
عشق خود اک سیل ہے سیل کو لیتا ہے تھام

عشق کی تقویم میں عصرِ رواں کے سوا
اور زمانے بھی ہیں ، جن کا نہیں کوئی نام

عشق دمِ جبریل ، عشق دلِ مصطفیٰ
عشق خدا کا رسول ، عشق خدا کا کلام

عشق کی مستی سے ہے پیکرِ گل تاب ناک
عشق ہے صہبائے خام ، عشق ہے کاس الکرام

عشق فقیہِ حرم ، عشق امیرِ جنود
عشق ہے ابن السبیل اس کے ہزاروں مقام

عشق کے مضراب سے نغمۂ تارِ حیات
عشق سے نورِ حیات عشق سے نارِ حیات

اے حرمِ قرطبہ! عشق سے تیرا وجود
عشق سراپا دوام جس میں نہیں رفت و بود

رنگ ہو یا خشت و سنگ ، چنگ ہو یا حرف و صوت
معجزۂ فن کی ہے خونِ جگر سے نمود

قطرۂ خونِ جگر ، سِل کو بناتا ہے دل
خونِ جگر سے صدا سوز و سرور و سرود

تیری فضا دل فروز، میری نوا سینہ سوز

تجھ سے دِلوں کا حضور، مجھ سے دِلوں کی کشود
عرشِ معلّیٰ سے کم سینۂ آدم نہیں
گرچہ کفِ خاک کی حد ہے سپہرِ کبود
پیکرِ نوری کو ہے سجدہ میسّر تو کیا
اس کو میسّر نہیں سوز و گدازِ سجود
کافرِ ہندی ہوں میں، دیکھ مرا ذوق و شوق
دل میں صلوٰۃ و درود، لب پہ صلوٰۃ و درود

شوق مری لَے میں ہے، شوق مری نَے میں ہے
نغمۂ اللہ ہُو میرے رگ و پَے میں ہے

تیرا جلال و جمال، مردِ خدا کی دلیل
وہ بھی جلیل و جمیل تو بھی جلیل و جمیل
تیری بنا پائیدار، تیرے ستوں بے شمار
شام کے صحرا میں ہو جیسے ہجومِ نخیل
تیرے در و بام پر وادیِ ایمن کا نور
تیرا منارِ بلند جلوہ گہِ جبریل
مٹ نہیں سکتا کبھی مردِ مسلماں، کہ ہے
اس کی اذانوں سے فاش سِرِّ کلیمؑ و خلیلؑ
اس کی زمیں بے حدود، اس کا افق بے ثغور
اس کے سمندر کی موج، دجلہ و دینوب و نیل
اس کے زمانے عجیب، اس کے فسانے غریب
عہدِ کہن کو دیا اس نے پیامِ رحیل
ساقیِ اربابِ ذوق، فارس میدانِ شوق
بادہ ہے اس کا رحیق، تیغ ہے اس کی اصیل

مردِ سپاہی ہے وہ، اس کی زرہ لا الہ

سایۂ شمشیر میں اس کی پنہ لا الہ

تجھ سے ہوا آشکار بندۂ مومن کا راز

اس کے دلوں کی تپش، اس کی شبوں کا گداز

اس کا مقامِ بلند اس کا خیالِ عظیم

اس کا سرور اس کا شوق اس کا نیاز اس کا ناز

ہاتھ ہے اللہ کا بندۂ مومن کا ہاتھ

غالب و کار آفریں کار کشا کار ساز

خاکی و نوری نہاد بندۂ مولا صفات

ہر دو جہاں سے غنی اس کا دلِ بے نیاز

اس کی امیدیں قلیل اس کے مقاصد جلیل

اس کی ادا دل فریب اس کی نگہ دل نواز

نرم دم گفتگو گرم دم جستجو

رزم ہو یا بزم ہو، پاک دل و پاک باز

نقطۂ پرکارِ حق مردِ خدا کا یقین

اور یہ عالم تمام وہم و طلسم و مجاز

عقل کی منزل ہے وہ عشق کا حاصل ہے وہ

حلقۂ آفاق میں گرمیِ محفل ہے وہ

کعبۂ اربابِ فن! سطوتِ دیں مبیں

تجھ سے حرم مرتبت اندلسیوں کی زمیں

ہے تہِ گردوں اگر حسن میں تیری نظیر

قلبِ مسلماں میں ہے اور نہیں ہے کہیں

آہ وہ مردانِ حق! وہ عربی شہسوار

حاملِ "خلقِ عظیم" صاحبِ صدق و یقیں
جن کی حکومت سے ہے فاش یہ رمزِ غریب
سلطنتِ اہلِ دل فقر ہے شاہی نہیں
جن کی نگاہوں نے کی تربیتِ شرق و غرب
ظلمتِ یورپ میں تھی جن کی خرد راہ بیں
جن کے لہو کے طفیل آج بھی ہیں اندلسی
خوش دل و گرم اختلاط سادہ و روشن جبیں
آج بھی اس دیس میں عام ہے چشمِ غزال
اور نگاہوں کے تیر آج بھی ہیں دل نشیں
بوئے یمن آج بھی اس کی ہواؤں میں ہے
رنگِ حجاز آج بھی اس کی نواؤں میں ہے

دیدۂ انجم میں ہے تیری زمیں آسماں
آہ! کہ صدیوں سے ہے تیری فضا بے اذاں
کون سی وادی میں ہے کون سی منزل میں ہے
عشقِ بلاخیز کا قافلہ سخت جاں
دیکھ چکا المنی شورشِ اصلاحِ دیں
جس نے نہ چھوڑے کہیں نقشِ کہن کے نشاں
حرفِ غلط بن گئی عصمتِ پیرِ کنشت
اور ہوئی فکر کی کشتیِ نازک رواں
چشمِ فرانسیس بھی دیکھ چکی انقلاب
جس سے دگرگوں ہوا مغربیوں کا جہاں
ملّتِ رومی نژاد کہنہ پرستی سے پیر
لذّتِ تجدیدہ سے وہ بھی ہوئی پھر جواں
روحِ مسلماں میں ہے آج وہی اضطراب
رازِ خدائی ہے یہ کہہ نہیں سکتی زباں

دیکھئے اس بحر کی تہ سے اچھلتا ہے کیا

گنبدِ نیلوفری رنگ بدلتا ہے کیا

وادیِ کہسار میں غرقِ شفق ہے سحاب

لعل بدخشاں کے ڈھیر چھوڑ گیا آفتاب

سادہ و پر سوز ہے دخترِ دہقاں کا گیت

کشتی دل کے لیے سیل ہے عہدِ شباب

آبِ روانِ کبیر(۱)! تیرے کنارے کوئی

دیکھ رہا ہے کسی اور زمانے کا خواب

عالم نَو ہے ابھی پردۂ تقدیر میں

میری نگاہوں میں ہے اس کی سحر بے حجاب

پردہ اٹھا دوں اگر چہرۂ افکار سے

لا نہ سکے گا فرنگ میری نواؤں کی تاب

جس میں نہ ہو انقلاب موت ہے وہ زندگی

روحِ امم کی حیات کش مکشِ انقلاب

صورتِ شمشیر ہے دستِ قضا میں وہ قوم

کرتی ہے جو ہر زماں اپنے عمل کا حساب

نقش ہیں سب نا تمام خونِ جگر کے بغیر

نغمہ ہے سوداے خام خونِ جگر کے بغیر

لینن

(خدا کے حضور میں)

اے انفس و آفاق میں پیدا ترے آیات

حق یہ ہے کہ ہے زندہ و پائندہ تری ذات

میں کیسے سمجھتا کہ تو ہے یا کہ نہیں ہے

ہر دم متغیّر تھے خرد کے نظریات

محرم نہیں فطرت کے سرودِ ازلی سے

بینائے کواکب ہے کہ دانائے نباتات

آج آنکھ نے دیکھا تو وہ عالم ہوا ثابت

میں جس کو سمجھتا تھا کلیسا کے خرافات

ہم بندِ شب و روز میں جکڑے ہوئے بندے

تو خالقِ اعصار و نگارندۂ آنات

اک بات اگر مجھ کو اجازت ہو تو پوچھوں

حل کر نہ سکے جس کو حکیموں کے مقالات

جب تک میں جیا خیمۂ افلاک کے نیچے

کانٹے کی طرح دل میں کھٹکتی رہی یہ بات

گفتار کے اسلوب پہ قابو نہیں رہتا

جب روح کے اندر متلاطم ہوں خیالات

وہ کون سا آدم ہے کہ تو جس کا ہے معبود؟

وہ آدمِ خاکی کہ جو ہے زیرِ سماوات؟

مشرق کے خداوندِ سفیدانِ فرنگی

مغرب کے خداوند درخشندہ فِلِزّات

یورپ میں بہت روشنی علم و ہنر ہے

حق یہ ہے کہ بے چشمۂ حیواں ہے یہ ظلمات

رعنائیِ تعمیر میں، رونق میں، صفا میں

گرجوں سے کہیں بڑھ کے ہیں بنکوں کی عمارات

ظاہر میں تجارت ہے، حقیقت میں جوا ہے

سود ایک کا لاکھوں کے لیے مرگِ مفاجات

یہ علم، یہ حکمت، یہ تدبّر، یہ حکومت

پیتے ہیں لہو دیتے ہیں تعلیمِ مساوات

بیکاری و عریانی و مَے خواری و افلاس

کیا کم ہیں فرنگی مدنیّت کے فتوحات

وہ قوم کہ فیضانِ سماوی سے ہو محروم

حد اس کے کمالات کی ہے برق و بخارات

ہے دل کے لیے موت مشینوں کی حکومت

احساسِ مروّت کو کچل دیتے ہیں آلات

آثار تو کچھ کچھ نظر آتے ہیں کہ آخر

تدبیر کو تقدیر کے شاطر نے کیا مات

میخانے کی بنیاد میں آیا ہے تزلزل

بیٹھے ہیں اسی فکر میں پیرانِ خرابات

چہروں پہ جو سرخی نظر آتی ہے سرِ شام

یا غازہ ہے یا ساغر و مینا کے کرامات

تو قادر و عادل ہے مگر تیرے جہاں میں

ہیں تلخ بہت بندۂ مزدور کے اوقات

کب ڈوبے گا سرمایہ پرستی کا سفینہ؟

دنیا ہے تیری منتظرِ روزِ مکافات

☆☆☆

فرشتوں کا گیت

عقل ہے بے زمام ابھی، عشق ہے بے مقام ابھی
نقش گرِ ازل! ترا نقش ہے نا تمام ابھی

خلقِ خدا کی گھات میں رند و فقیہہ، میر و پیر
تیرے جہاں میں ہے وہی گردشِ صبح و شام ابھی

تیرے امیر مال مست، تیرے فقیر حال مست
بندہ ہے کوچہ گرد ابھی، خواجہ بلند بام ابھی

دانش و دین و علم و فن بندگیِ ہوس تمام
عشقِ گرہ کشائے کا فیض نہیں ہے عام ابھی

جو ہے زندگی ہے عشق جوہرِ عشق ہے خودی
آہ کہ ہے یہ تیغِ تیز پردگیِ نیام ابھی

فرمانِ خدا

(فرشتوں سے)

اٹھو مری دنیا کے غریبوں کو جگا دو

کاخِ امرا کے درو دیوار ہلا دو

گرماؤ غلاموں کا لہو سوزِ یقیں سے

کنجشکِ فرومایہ کو شاہیں سے لڑا دو

سلطانیِ جمہور کا آتا ہے زمانہ

جو نقشِ کہن تم کو نظر آئے مٹا دو

جس کھیت سے دہقاں کو میسر نہ ہو روزی

اس کھیت کے ہر خوشۂ گندم کو جلا دو

کیوں خالق و مخلوق میں حائل رہیں پردے

پیرانِ کلیسا کو کلیسا سے اٹھا دو

حق را بہ سجودے، صنماں را بہ طوافے

بہتر ہے چراغِ حرم و دیر بجھا دو

میں ناخوش و بیزار ہوں مرمر کی سلوں سے

میرے لیے مٹی کا حرم اور بنا دو

تہذیبِ نوی کارگہِ شیشہ گراں ہے

آدابِ جنوں شاعرِ مشرق کو سکھا دو

ذوق و شوق

(ان اشعار میں سے اکثر فلسطین میں لکھے گئے)

دریغ آمدم زاں همه بوستاں

تهی دست رفتن سوے دوستاں

قلب و نظر کی زندگی دشت میں صبح کا سماں

چشمۂ آفتاب سے نور کی ندّیاں رواں

حسنِ ازل کی ہے نمود ، چاک ہے پردۂ وجود

دل کے لیے ہزار سود ایک نگاہ کا زیاں

سرخ و کبود بدلیاں چھوڑ گیا سحابِ شب

کوہِ اصم کو دے گیا رنگ برنگ طیلساں

گرد سے پاک ہے ہوا برگِ نخیل دھل گئے

ریگِ نواحِ کاظمہ بزم ہے مثل پرنیاں

آگ بجھی ہوئی اِدھر ٹوٹی ہوئی طناب اُدھر

کیا خبر اس مقام سے گزرے ہیں کتنے کارواں

آئی صداے جبریل تیرا مقام ہے یہی

اہلِ فراق کے لیے عیش دوام ہے یہی

کس سے کہوں کہ زہر ہے میرے لیے مئے حیات

کہنہ ہے بزم کائنات تازہ ہیں میرے واردات

کیا نہیں اور غزنوی کارِ گہِ حیات میں

بیٹھے ہیں کب سے منتظر اہلِ حرم کے سومنات

ذکرِ عرب کے سوز میں فکرِ عجم کے ساز میں
نے عربی مشاہدات نے عجمی تخیلات

قافلۂ حجاز میں ایک حسینؓ بھی نہیں
گرچہ ہے تاب دار ابھی گیسوے دجلہ و فرات

عقل و دل و نگاہ کا مرشدِ اولیں ہے عشق
عشق نہ ہو تو شرع و دیں بتکدۂ تصوّرات

صدقِ خلیلؑ بھی ہے عشق صبرِ حسینؓ بھی ہے عشق
معرکۂ وجود میں بدر و حنین بھی ہے عشق

آیۂ کائنات کا معنیِ دیر یاب تو
نکلے تری تلاش میں قافلہ ہاے رنگ و بو

جلوتیانِ مدرسہ کور نگاہ و مردہ ذوق
خلوتیانِ مے کدہ کم طلب و تہی کدو

میں، کہ مری غزل میں ہے آتشِ رفتہ کا سراغ
میری تمام سرگزشت کھوئے ہوؤں کی جستجو

بادِ صبا کی موج سے نشو و نماے خار و خس
میرے نفس کی موج سے نشو و نماے آرزو

خونِ دل و جگر سے ہے میری نوا کی پرورش
ہے رگِ ساز میں رواں صاحب ساز کا لہو

فرصت کشمکش مده ایں دلِ بے قرار را
یک دو شکن زیادہ کن گیسوے تاب دار را

لوح بھی تو قلم بھی تو تیرا وجود الکتاب
گنبدِ آبگینہ رنگ تیرے محیط میں حباب

عالم آب و خاک میں تیرے ظہور سے فروغ

ذرۂ ریگ کو دیا تو نے طلوعِ آفتاب
شوکتِ سنجر و سلیم تیرے جلال کی نمود

فقرِ جنید و بایزید تیرا جمال بے نقاب
شوق ترا اگر نہ ہو میری نماز کا امام

میرا قیام بھی حجاب! میرا سجود بھی حجاب
تیری نگاہِ ناز سے دونوں مراد پا گئے

عقل، غیاب و جستجو، عشق حضور و اضطراب
تیرہ و تار ہے جہاں گردشِ آفتاب سے

طبع زمانہ تازہ کر جلوۂ بے حجاب سے
تیری نظر میں ہیں تمام میرے گزشتہ روز و شب

مجھ کو خبر نہ تھی کہ ہے علم تخیل بے رطب
تازہ مرے ضمیر میں معرکۂ کہن ہوا

عشق تمام مصطفیٰ! عقل تمام بولہب
گاہ بحیلہ می برد گاہ بزور می کشد

عشق کی ابتدا عجب، عشق کی انتہا عجب
عالم سوز و ساز میں وصل سے بڑھ کے ہے فراق

وصل میں مرگِ آرزو! ہجر میں لذّتِ طلب
عین وصال میں مجھے حوصلۂ نظر نہ تھا

گرچہ بہانہ جُو رہی میری نگاہِ بے ادب
گرمی آرزو فراق شورشِ ہاے و ہو فراق

موج کی جستجو فراق قطرہ کی آبرو فراق

☆ ☆ ☆

ملّا اور بہشت

میں بھی حاضر تھا وہاں ضبطِ سخن کر نہ سکا

حق سے جب حضرتِ ملّا کو ملا حکمِ بہشت

عرض کی میں نے الٰہی مری تقصیر معاف

خوش نہ آئیں گے اسے حور و شراب و لبِ کشت

نہیں فردوس مقامِ جدل و قال و اقول

بحث و تکرار اس اللہ کے بندے کی سرشت

ہے بد آموزیِ اقوام و ملل کام اس کا

اور جنّت میں نہ مسجد، نہ کلیسا، نہ کُنِشت

دین و سیاست

کلیسا کی بنیاد رہبانیت تھی

سماتی کہاں اس فقیری میں میری

خصومت تھی سلطانی و راہبی میں

کہ وہ سربلندی ہے یہ سر بزیری

سیاست نے مذہب سے پیچھا چھڑایا

چلی کچھ نہ پیرِ کلیسا کی پیری

ہوئی دین و دولت میں جس دم جدائی

ہوس کی امیری ، ہوس کی وزیری

دوی ملک و دیں کے لیے نامرادی

دوی چشمِ تہذیب کی نا بصیری

یہ اعجاز ہے ایک صحرا نشیں کا

بصیری ہے آئینہ دارِ نذیری

اسی میں حفاظت ہے انسانیت کی

کہ ہوں ایک جنیدی و اردشیری

★★★

ساقی نامہ

ہوا خیمہ زن کاروانِ بہار 	ارم بن گیا دامن کوہسار

گل نرگس و سوسن و نسترن 	شہید ازل لالہ خونیں کفن

جہاں چھپ گیا پردۂ رنگ میں 	لہو کی ہے گردش رگِ سنگ میں

فضا نیلی نیلی، ہوا میں سرور 	ٹھہرتے نہیں آشیاں میں طیور

وہ جوے کہستاں اچکتی ہوئی 	اٹکتی، لچکتی، سرکتی ہوئی

اچھلتی، پھسلتی، سنبھلتی ہوئی 	بڑے پیچ کھا کر نکلتی ہوئی

رکے جب تو سل چیر دیتی ہے یہ 	پہاڑوں کے دل چیر دیتی ہے یہ

ذرا دیکھ اے ساقی لالہ فام 	سناتی ہے یہ زندگی کا پیام

پلا دے مجھے وہ مئے پردہ سوز 	کہ آتی نہیں فصلِ گل روز روز

وہ مے جس سے روشن ضمیرِ حیات 	وہ مے جس سے ہے مستی کائنات

وہ مے جس میں ہے سوز و سازِ ازل 	وہ مے جس سے کھلتا ہے رازِ ازل

اٹھا ساقیا پردہ اس راز سے

لڑا دے ممولے کو شہباز سے

زمانے کے انداز بدلے گئے 	نیا راگ ہے ساز بدلے گئے

ہوا اس طرح فاش رازِ فرنگ 	کہ حیرت میں ہے شیشہ بازِ فرنگ

پرانی سیاست گری خوار ہے 	زمیں میر و سلطاں سے بیزار ہے

گیا دورِ سرمایہ داری گیا 	تماشہ دکھا کر مداری گیا

گراں خواب چینی سنبھلنے لگے 	ہمالہ کے چشمے ابلنے لگے

دلِ طورِ سینا و فاراں دو نیم — تجلّی کا پھر منتظر ہے کلیمؑ

مسلماں ہے توحید میں گرم جوش — مگر دل ابھی تک ہے زنّار پوش

تمدن، تصوّف، شریعت، کلام — بتانِ عجم کے پجاری تمام

حقیقت خرافات میں کھوگئی — یہ امّت روایات میں کھوگئی

لبھاتا ہے دل کو کلامِ خطیب — مگر لذّتِ شوق سے بے نصیب

بیاں اس کا منطق سے سلجھا ہوا — لغت کے بکھیڑوں میں الجھا ہوا

دہ صوفی کہ تھا خدمتِ حق میں مرد — محبت میں یکتا حمیّت میں فرد

عجم کے خیالات میں کھوگیا — یہ سالک مقامات میں کھوگیا

بجھی عشق کی آگ اندھیر ہے
مسلماں نہیں راکھ کا ڈھیر ہے

شرابِ کہن پھر پلا ساقیا — وہی جام گردش میں لا ساقیا

مجھے عشق کے پَر لگا کر اڑا — مری خاک جگنو بنا کر اڑا

خرد کو غلامی سے آزاد کر — جوانوں کو پیروں کا استاد کر

ہری شاخِ ملّت ترے نم سے ہے — نفس اس بدن میں ترے دم سے ہے

تڑپنے، پھڑکنے کی توفیق دے — دلِ مرتضیٰؓ، سوزِ صدیقؓ دے

جگر سے وہی تیر پھر پار کر — تمنّا کو سینوں میں بیدار کر

ترے آسمانوں کے تاروں کی خیر — زمینوں کے شب زندہ داروں کی خیر

جوانوں کو سوزِ جگر بخش دے — مرا عشق میری نظر بخش دے

مری ناو گرداب سے پار کر — یہ ثابت ہے تو اس کو سیّار کر

بتا مجھ کو اسرارِ مرگ و حیات — کہ تیری نگاہوں میں ہے کائنات

مرے دیدۂ ترکی بے خوابیاں — مرے دل کی پوشیدہ بے تابیاں

مرے نالۂ نیم شب کا نیاز — مری خلوت و انجمن کا گداز

اُمنگیں مری، آرزوئیں مری، امیدیں مری، جستجوئیں مری

مری فطرت آئینہ روزگار، غزالانِ افکار کا مرغزار

مرا دل مری رزم گاہِ حیات، گمانوں کے لشکر یقیں کا ثبات

یہی کچھ ہے ساقی متاعِ فقیر، اسی سے فقیری میں ہوں میں امیر

مرے قافلے میں لٹادے اسے

لٹادے ٹھکانے لگادے اسے

دمادم رواں ہے یمِ زندگی، ہر اک شے سے پیدا رمِ زندگی

اسی سے ہوئی ہے بدن کی نمود، کہ شعلے میں پوشیدہ ہے موجِ دود

گراں گرچہ ہے صحبتِ آب و گِل، خوش آئی اسے محنت آب و گل

یہ ثابت بھی ہے اور سیّار بھی، عناصر کے پھندوں سے بیزار بھی

یہ وحدت ہے کثرت میں ہردم اسیر، مگر ہر کہیں بے چگوں، بے نظیر

یہ عالم یہ بت خانہ ششِ جہات، اسی نے تراشا ہے یہ سومنات

پسند اس کو تکرار کی خو نہیں، کہ تو میں نہیں اور میں تو نہیں

من و تو سے ہے انجمن آفریں، مگر عین محفل میں خلوت نشیں

چمک اس کی بجلی میں تارے میں ہے، یہ چاندی میں سونے میں پارے میں ہے

اسی کے بیاباں اسی کے ببول، اسی کے ہیں کانٹے اسی کے ہیں پھول

کہیں اس کی طاقت سے کہسار چور، کہیں اس کے پھندے میں جبریل و حور

کہیں جُرّہ شاہین سیماب رنگ، لہو سے چکوروں کے آلودہ چنگ

کبوتر کہیں آشیانے سے دور

پھڑکتا ہوا جال میں ناصبور

فریبِ نظر ہے سکون و ثبات، تڑپتا ہے ہر ذرۂ کائنات

ٹھہرتا نہیں کاروانِ وجود، کہ ہر لحظہ ہے تازہ شانِ وجود

سمجھتا ہے تو راز ہے زندگی
فقط ذوقِ پرواز ہے زندگی

بہت اس نے دیکھے ہیں پست و بلند
سفر اس کو منزل سے بڑھ کر پسند

سفر زندگی کے لیے برگ و ساز
سفر ہے حقیقت حضر ہے مجاز

الجھ کر سلجھنے میں لذّت اسے
تڑپنے پھڑکنے میں راحت اسے

ہوا جب اسے سامنا مَوت کا
کٹھن تھا بڑا تھامنا مَوت کا

اتر کر جہانِ مکافات میں
رہی زندگی موت کی گھات میں

مذاقِ دوی سے بنی زَوج زَوج
اٹھی دشت و کہسار سے فوج فوج

گل اس شاخ سے ٹوٹتے بھی رہے
اسی شاخ سے پھوٹتے بھی رہے

سمجھتے ہیں ناداں اسے بے ثبات
ابھرتا ہے مٹ مٹ کے نقشِ حیات

بڑی تیز جولاں بڑی زود رس
ازل سے ابد تک رمِ یک نفس

زمانہ کہ زنجیرِ ایام ہے
دموں کے الٹ پھیر کا نام ہے

یہ موجِ نفس کیا ہے ، تلوار ہے
خودی کیا ہے تلوار کی دھار ہے

خودی کیا ہے؟ رازِ درونِ حیات
خودی کیا ہے بیداریِ کائنات

خودی جلوہ بدمست و خلوت پسند
سمندر ہے اک بوند پانی میں بند

اندھیرے اجالے میں ہے تابناک
من و تو میں پیدا من و تو سے پاک

ازل اس کے پیچھے ابد سامنے
نہ حد اس کے پیچھے نہ حد سامنے

زمانے کے دریا میں بہتی ہوئی
ستم اس کی موجوں کے سہتی ہوئی

تجسّس کی راہیں بدلتی ہوئی
دمادم نگاہیں بدلتی ہوئی

سبک اس کے ہاتھوں میں سنگِ گراں
پہاڑ اس کی ضربوں سے ریگِ رواں

سفر اس کا انجام و آغاز ہے
یہی اس کی تقویم کا راز ہے

کرن چاند میں ہے شرر سنگ میں
یہ بے رنگ ہے رنگ ڈوب کر رنگ میں

اسے واسطہ کیا کم و بیش سے 	 نشیب و فراز و پس و پیش سے

ازل سے ہے یہ کش مکش میں اسیر 	 ہوئی خاکِ آدم میں صورت پذیر

خودی کا نشیمن ترے دل میں ہے

فلک جس طرح آنکھ کے تل میں ہے

خودی کے نگہباں کو ہے زہر ناب 	 وہ ناں جس سے جاتی رہے اس کی آب

وہی ناں ہے اس کے لیے ارجمند 	 رہے جس سے دنیا میں گردن بلند

فروفالِ محمود سے درگزر 	 خودی پر نگہ رکھ ایازی نہ کر

وہی سجدہ ہے لائقِ اہتمام 	 کہ ہو جس سے ہر سجدہ تجھ پر حرام

یہ عالم یہ ہنگامۂ رنگ و صوت 	 یہ عالم کہ ہے زیرِ فرمانِ موت

یہ عالم یہ بت خانۂ چشم و گوش 	 جہاں زندگی ہے فقط خوردونوش

خودی کی ہے یہ منزلِ اولیں 	 مسافر یہ تیرا نشیمن نہیں

بڑھے جا یہ کوہِ گراں توڑ کر 	 طلسمِ زماں و مکاں توڑ کر

خودی شیرِ مولا جہاں اس کا صید 	 زمیں اس کی صید آسماں اس کا صید

جہاں اور بھی ہیں ابھی بے نمود 	 کہ خالی نہیں ہے ضمیرِ وجود

ہر اک منتظر تیری یلغار کا 	 تری شوخیِ فکر و کردار کا

یہ ہے مقصدِ گردشِ روزگار 	 کہ تیری خودی تجھ پہ ہو آشکار

تو ہے فاتح عالم و خوب و زشت 	 تجھے کیا بتاؤں تیری سرنوشت

حقیقت پہ ہے جامۂ حرف تنگ 	 حقیقت ہے آئینہ گفتار زنگ

فروزاں ہے سینے میں شمعِ نفس 	 مگر تابِ گفتار کہتی ہے بس

اگر یک سرِ موے برتر پرم

فروغِ تجلّی بسوزد پرم

☆☆☆

زمانہ

جو تھا نہیں ہے ہے ، جو ہے نہ ہوگا، یہی ہے اک حرفِ محرمانہ
قریب تر ہے نمود جس کی ، اسی کا مشتاق ہے زمانہ

مری صراحی سے قطرہ قطرہ نئے حوادث ٹپک رہے ہیں
میں اپنی تسبیح روز و شب کا شمار کرتا ہوں دانہ دانہ

ہر ایک سے آشنا ہوں لیکن جدا جدا رسم و راہ میری
کسی کا راکب، کسی کا مرکب، کسی کو عبرت کا تازیانہ

نہ تھا اگر تو شریکِ محفل، قصور میرا ہے یا کہ تیرا
مرا طریقہ نہیں کہ رکھ لوں کسی کی خاطر مئے شبانہ

مرے خم و پیچ کو نجومی کی آنکھ پہچانتی نہیں ہے
ہدف سے بیگانہ تیر اس کا، نظر نہیں جس کی عارفانہ

شفق نہیں مغربی افق پر، یہ جوئے خوں ہے یہ جوئے خوں ہے
طلوعِ فردا کا منتظر رہ کہ دوش و امروز ہے فسانہ

وہ فکرِ گستاخ جس نے عریاں کیا ہے فطرت کی طاقتوں کو
اسی کی بے تاب بجلیوں سے خطر میں ہے اس کا آشیانہ

ہوائیں ان کی ، فضائیں ان کی، سمندر ان کے ،جہاز ان کے

گرہ بھنور کی کھلے تو کیونکر، بھنور ہے تقدیر کا بہانہ

جہانِ نو ہو رہا ہے پیدا، وہ عالم پیر مر رہا ہے

جسے فرنگی مقاموں نے بنا دیا ہے قمار خانہ

ہوا ہے گو تند و تیز لیکن چراغ اپنا جلا رہا ہے

وہ مردِ درویش جس کو حق نے دیے ہیں انداز خسروانہ

جبریل و ابلیس

جبریل

ہمدمِ دیرینہ! کیسا ہے جہانِ رنگ و بو؟

ابلیس

سوز و ساز و درد و داغ و جستجو و آرزو

جبریل

ہر گھڑی افلاک پر رہتی ہے تیری گفتگو
کیا نہیں ممکن کہ تیرا چاک دامن ہو رفو

ابلیس

آہ! اے جبریل تو واقف نہیں اس راز سے
کر گیا سرمست مجھ کو ٹوٹ کر میرا سبو
اب یہاں میری گزر ممکن نہیں ممکن نہیں
کس قدر خاموش ہے یہ عالمِ بے کاخ و کو
جس کی نومیدی سے ہو سوزِ درونِ کائنات
اس کے حق میں تقنطوا اچھا ہے یا لاتقنطوا؟

جبریل

کھو دیے انکار سے تو نے مقاماتِ بلند
چشمِ یزداں میں فرشتوں کی رہی کیا آبرو

ابلیس

ہے مری جرأت سے مشتِ خاک میں ذوقِ نمو

میرے فتنے جامۂ عقل و خرد کا تار و پو

دیکھتا ہے تو فقط ساحل سے رزمِ خیر و شر

کون طوفاں کے طمانچے کھا رہا ہے؟ میں کہ تو؟

خضر بھی بے دست و پا الیاس بھی بے دست و پا

میرے طوفاں یم بہ یم دریا بہ دریا جو بہ جو

گر کبھی خلوت میسّر ہو تو پوچھ اللہ سے

قصۂ آدم کو رنگیں کر گیا کس کا لہو

میں کھٹکتا ہوں دلِ یزداں میں کانٹے کی طرح

تو فقط اللہ ھو!  اللہ ھو! اللہ ھو!

☆ ☆ ☆

اذان

اک رات ستاروں سے کہا نجمِ سحر نے
آدم کو بھی دیکھا ہے کسی نے کبھی بیدار؟
کہنے لگا مرّیخ، ادا فہم ہے تقدیر
ہے نیند ہی اس چھوٹے سے فتنے کو سزاوار
زہرہ نے کہا اور کوئی بات نہیں کیا؟
اس کرمکِ شب کور سے کیا ہم کو سروکار
بولا مہِ کامل کہ وہ کوکب ہے زمینی
تم شب کو نمودار ہو وہ دن کو نمودار
واقف ہو اگر لذّتِ بیداریِ شب سے
اونچی ہے ثریا سے بھی یہ خاکِ پُر اسرار
آغوش میں اس کی وہ تجلّی ہے کہ جس میں
کھو جائیں گے افلاک کے سب ثابت و سیّار
ناگاہ فضا بانگِ اذاں سے ہوئی لبریز
وہ نعرہ کہ ہل جاتا ہے جس سے دلِ کہسار

☆ ☆ ☆

خوشحال خاں کی وصیّت ☆

قبائل ہوں ملّت کی وحدت میں گم

کہ ہو نام افغانیوں کا بلند

محبّت مجھے ان جوانوں سے ہے

ستاروں پہ جو ڈالتے ہیں کمند

مغل سے کسی طرح کمتر نہیں

کہستاں کا یہ بچّہ ارجمند

کہوں تجھ سے اے ہم نشیں دل کی بات

وہ مدفن ہے خوشحال خاں کو پسند

اڑا کر نہ لائے جہاں بادِ کوہ

مغل شہ سواروں کی گردِ سمند

☆ خوشحال خاں خٹک پشتو زبان کا مشہور وطن دوست شاعر تھا جس نے افغانستان کو مغلوں سے آزاد کرانے کے لیے سرحد کے افغانی قبائل کی ایک جمعیّت قائم کی۔ قبائل میں صرف آفریدیوں نے آخر دم تک اس کا ساتھ دیا۔ اس کی قریباً ایک سو نظموں کا انگریزی ترجمہ ۱۸۶۲ء میں لندن میں شائع ہوا تھا۔

ابلیس کی عرض داشت

کہتا تھا عزازیل خدا وندِ جہاں سے

پر کالۂ آتش ہوئی آدم کی کفِ خاک

جاں لاغر و تن فربہ و ملبوس بدن زیب

دل نزع کی حالت میں خرد پختہ و چالاک

ناپاک جسے کہتی تھی مشرق کی شریعت

مغرب کے فقیہوں کا یہ فتویٰ ہے کہ ہے پاک

تجھ کو نہیں معلوم کہ حورانِ بہشتی

ویرانیِ جنت کے تصور سے ہیں غم ناک

جمہور کے ابلیس ہیں اربابِ سیاست

باقی نہیں اب میری ضرورت تہِ افلاک

☆☆☆

شاہین

کیا میں نے اُس خاکداں سے کنارا
جہاں رزق کا نام ہے آب و دانہ

بیاباں کی خلوت خوش آتی ہے مجھ کو
ازل سے ہے ہے فطرت مری راہبانہ

نہ بادِ بہاری نہ گلچیں ، نہ بلبل
نہ بیماری نغمہ عاشقانہ

خیابانیوں سے ہے پرہیز لازم
ادائیں ہیں ان کی بہت دلبرانہ

ہواے بیاباں سے ہوتی ہے کاری
جواں مرد کی ضربتِ غازیانہ

حمام و کبوتر کا بھوکا نہیں میں
کہ ہے زندگی باز کی زاہدانہ

جھپٹنا ، پلٹنا ، پلٹ کر جھپٹنا
لہو گرم رکھنے کا ہے اک بہانہ

یہ پورب یہ پچھم چکوروں کی دنیا
مرا نیلگوں آسماں بے کرانہ

پرندوں کی دنیا کا درویش ہوں میں
کہ شاہیں بناتا نہیں آشیانہ

☆☆☆

غزل غزلیات

(۱)

میری نوائے شوق سے شور حریمِ ذات میں
غلغلہ ہائے الاماں بت کدۂ صفات میں

حور و فرشتہ ہیں اسیر میرے تخیّلات میں
میری نگاہ سے خلل تیری تجلّیات میں

گرچہ ہے میری جستجو دیر و حرم کی نقش بند
میری فغاں ہے رستخیز کعبہ و سومنات میں

گاہ مری نگاہِ تیز چیر گئی دلِ وجود
گاہ الجھ کے رہ گئی میرے توہّمات میں

تو نے یہ کیا غضب کیا مجھ کو بھی فاش کر دیا
میں ہی تو ایک راز تھا سینۂ کائنات میں

☆☆☆

غزل (۲)

اگر کج رو ہیں انجم آسماں تیرا ہے یا میرا؟
مجھے فکرِ جہاں کیوں ہو، جہاں تیرا ہے یا میرا؟

اگر ہنگامہ ہائے شوق سے ہے لامکاں خالی
خطا کس کی ہے یارب لامکاں تیرا ہے یا میرا؟

اسے صبحِ ازل انکار کی جرأت ہوئی کیوں کر
مجھے معلوم کیا! وہ رازداں تیرا ہے یا میرا؟

محمدؐ بھی ترا، جبریل بھی، قرآن بھی تیرا
مگر یہ حرفِ شیریں ترجماں تیرا ہے یا میرا؟

اسی کوکب کی تابانی سے ہے تیرا جہاں روشن
زوالِ آدم خاکی زیاں تیرا ہے یا میرا؟

☆☆☆

غزل (۳)

گیسوے تابدار کو اور بھی تاب دار کر
ہوش و خرد شکار کر قلب و نظر شکار کر

عشق بھی ہو حجاب میں حسن بھی ہو حجاب میں
یا تو خود آشکار ہو، یا مجھے آشکار کر

تو ہے محیطِ بے کراں، میں ہوں ذرا سی آب جو
یا مجھے ہم کنار کر، یا مجھے بے کنار کر

میں ہوں صدف تو تیرے ہاتھ میرے گہر کی آبرو
میں ہوں خزف تو، تو مجھے گوہرِ شاہوار کر

نغمۂ نو بہار اگر میرے نصیب میں نہ ہو
اس دم نیم سوز کو طائرکِ بہار کر

باغِ بہشت سے مجھے حکمِ سفر دیا تھا کیوں؟
کارِ جہاں دراز ہے اب مرا انتظار کر

روزِ حساب جب مرا پیش ہو دفترِ عمل
آپ بھی شرمسار ہو مجھ کو بھی شرمسار کر

☆ ☆ ☆

غزل (۴)

اثر کرے نہ کرے سن تو لے مری فریاد
نہیں ہے داد کا طالب یہ بندۂ آزاد

یہ مشتِ خاک، یہ صرصر، یہ وسعتِ افلاک
کرم ہے یا کہ ستم تیری لذّتِ ایجاد

ٹھہر سکا نہ ہوائے چمن میں خیمۂ گل
یہی ہے فصلِ بہاری؟ یہی ہے بادِ مراد؟

قصوروار، غریب الدّیار ہوں لیکن
ترا خرابہ فرشتے نہ کر سکے آباد

مری جفا طلبی کو دعائیں دیتا ہے
وہ دشتِ سادہ وہ تیرا جہانِ بے بنیاد

خطر پسند طبیعت کو سازگار نہیں
وہ گلستاں کہ جہاں گھات میں نہ ہو صیّاد

مقامِ شوق ترے قدسیوں کے بس کا نہیں
انھیں کا کام ہے یہ جن کے حوصلے ہیں زیاد

☆☆☆

غزل (۵)

کیا عشق ایک زندگی مستعار کا
کیا عشق پایدار سے ناپایدار کا

وہ عشق جس کی شمع بجھا دے اجل کی پھونک
اس میں مزا نہیں تپش و انتظار کا

میری بساط کیا ہے؟ تب و تابِ یک نفس
شعلے سے بے محل ہے الجھنا شرار کا

کر پہلے مجھ کو زندگی جاوداں عطا
پھر ذوق و شوق دیکھ دلِ بے قرار کا

کانٹا وہ دے کہ جس کی کھٹک لازوال ہو
یارب وہ درد جس کی کسک لازوال ہو

☆☆☆

غزل (۶)

پریشاں ہو کے میری خاک آخر دل نہ بن جائے
جو مشکل اب ہے یا رب پھر وہی مشکل نہ بن جائے

نہ کر دیں مجھ کو مجبورِ نوا ، فردوس میں حوریں
مرا سوزِ دروں پھر گرمیِ محفل نہ بن جائے

کبھی چھوڑی ہوئی منزل بھی یاد آتی ہے راہی کو
کھٹک سی ہے جو سینے میں غمِ منزل نہ بن جائے

بنایا عشق نے دریائے ناپیدا کراں مجھ کو
یہ میری خود نگہہ داری مرا ساحل نہ بن جائے

کہیں اس عالم بے رنگ و بو میں بھی طلب میری
وہی افسانہ دنبالہ محمل نہ بن جائے

عروجِ آدم خاکی سے انجم سہمے جاتے ہیں
کہ یہ ٹوٹا ہوا تارہ مہہ کامل نہ بن جائے

☆☆☆

غزل (۷)

دگرگوں ہے جہاں، تاروں کی گردش تیز ہے ساقی
دلِ ہر ذرّہ میں غوغاے رستاخیز ہے ساقی

متاعِ دین و دانش لٹ گئی اللہ والوں کی
یہ کس کافر ادا کا غمزۂ خوں ریز ہے ساقی

وہی دیرینہ بیماری، وہی نامحکمی دل کی
علاج اس کا وہی آبِ نشاط انگیز ہے ساقی

حرم کے دل میں سوزِ آرزو پیدا نہیں ہوتا
کہ پیدائی تری اب تک حجاب آمیز ہے ساقی

نہ اٹھّا پھر کوئی رومیِ عجم کے لالہ زاروں سے
وہی آب و گلِ ایراں، وہی تبریز ہے ساقی

نہیں ہے ناامید اقبال اپنی کشتِ ویراں سے
ذرا نم ہو تو یہ مٹّی بہت زرخیز ہے ساقی

فقیرِ راہ کو بخشے گئے اسرارِ سلطانی
بہا میری نوا کی دولتِ پرویز ہے ساقی

☆☆☆

غزل (۸)

مٹا دیا مرے ساقی نے عالم مَن و تُو

پلا کے مجھ کو مئے لا الہ الا ھو

نہ مے، نہ شعر، نہ ساقی، نہ شورِ چنگ و رباب

سکوتِ کوہ و لبِ جوے والہ خودرو

گدائے مے کدہ کی شانِ بے نیازی دیکھ

پہنچ کے چشمۂ حیواں پہ توڑتا ہے سبو

مرا سبوچہ غنیمت ہے اس زمانے میں

کہ خانقاہ میں خالی ہیں صوفیوں کے کدو

میں نو نیاز ہوں مجھ سے حجاب ہی اولیٰ

کہ دل سے بڑھ کے ہے میری نگاہ بے قابو

اگرچہ بحر کی موجوں میں ہے مقام اس کا

صفائے پاکیِ طینت سے ہے گہر کا وضو

جمیل تر ہیں گل و لالہ فیض سے اس کے

نگاہِ شاعرِ رنگیں نوا میں ہے جادو

☆☆☆

غزل (9)

لا پھر اک بار وہی بادہ و جام اے ساقی
ہاتھ آجائے مجھے میرا مقام اے ساقی

تین سو سال سے ہیں ہند کے میخانے بند
اب مناسب ہے ترا فیض ہو عام اے ساقی

میری میناے غزل میں تھی ذرا سی باقی
شیخ کہتا ہے کہ ہے یہ بھی حرام اے ساقی

شیر مردوں سے ہوا بیشۂ تحقیق تہی
رہ گئے صوفی و ملّا کے غلام اے ساقی

عشق کی تیغِ جگردار اڑا لی کس نے؟
علم کے ہاتھ میں خالی ہے نیام اے ساقی

سینہ روشن ہو تو ہے سوزِ سخن عینِ حیات
ہو نہ روشن تو سخن مرگِ دوام اے ساقی

تو مری رات کو مہتاب سے محروم نہ رکھ
تیرے پیمانے میں ہے ماہِ تمام اے ساقی

☆☆☆

غزل (۱۰)

متاعِ بے بہا ہے دردِ و سوزِ آرزو مندی
مقامِ بندگی دے کر نہ لوں شانِ خداوندی

ترے آزاد بندوں کی نہ یہ دنیا نہ وہ دنیا
یہاں مرنے کی پابندی ، وہاں جینے کی پابندی

حجاب اکسیر ہے آوارۂ کوے محبت کو
مری آتش کو بھڑکاتی ہے تیری دیر پیوندی

گزر اوقات کرلیتا ہے یہ کوہ و بیاباں میں
کہ شاہیں کے لیے ذلّت ہے کارِ آشیاں بندی

یہ فیضانِ نظر تھا یا کہ مکتب کی کرامت تھی
سکھائے کس نے اسماعیل کو آدابِ فرزندی

زیارت گاہِ اہلِ عزم و ہمّت ہے لحد میری
کہ خاکِ راہ کو میں نے بتایا رازِ الوندی

مری مشّاطگی کی کیا ضرورت حسنِ معنیٰ کو
کہ فطرت خود بخود کرتی ہے لالے کی حنا بندی

☆☆☆

غزل (۱۱)

تجھے یاد کیا نہیں ہے مرے دل کا وہ زمانہ
وہ ادب گہہِ محبت ، وہ نگہ کا تازیانہ

یہ بتانِ عصرِ حاضر کہ بنے ہیں مدرسے میں
نہ اداے کافرانہ ، نہ تراشِ آزرانہ

نہیں اس کھلی فضا میں کوئی گوشۂ فراغت
یہ جہاں عجب جہاں ہے، نہ قفس نہ آشیانہ

رگِ تاک منتظر ہے تری بارشِ کرم کی
کہ عجم کے مے کدوں میں نہ رہی مئے مغانہ

مرے ہم صفیر اسے بھی اثرِ بہار سمجھے
انھیں کیا خبر کہ کیا ہے یہ نواے عاشقانہ

مرے خاک و خوں سے تو نے یہ جہاں کیا ہے پیدا
صلۂ شہید کیا ہے؟ تب و تابِ جاودانہ

تری بندہ پروری سے مرے دن گزر رہے ہیں
نہ گلہ ہے دوستوں کا نہ شکایتِ زمانہ

☆☆☆

غزل (۱۲)

ضمیر لالہ مئے لعل سے ہوا لبریز
اشارہ پاتے ہی صوفی نے توڑ دی پرہیز

بچھائی ہے جو کہیں عشق نے بساطِ اپنی
کیا ہے اس نے فقیروں کو وارثِ پرویز

پرانے ہیں یہ ستارے فلک بھی فرسودہ
جہاں وہ چاہیے مجھ کو کہ ہو ابھی نو خیز

کسے خبر ہے کہ ہنگامۂ نشور ہے کیا
تری نگاہ کی گردش ہے میری رستاخیز

نہ چھین لذتِ آہ سحر گہی مجھ سے
نہ کر نگہ سے تغافل کو التفات آمیز

دلِ غمیں کے موافق نہیں ہے موسمِ گل
صدائے مرغِ چمن ہے بہت نشاط انگیز

حدیث بے خبراں ہے تو با زمانہ بساز
زمانہ با تو نہ سازد تو با زمانہ ستیز

☆☆☆

غزل (۱۳)

وہی میری کم نصیبی ، وہی تیری بے نیازی
مرے کام کچھ نہ آیا یہ کمالِ نَے نوازی
میں کہاں ہوں تو کہاں ہے، یہ مکاں کہ لامکاں ہے؟
یہ جہاں مرا جہاں ہے کہ تری کرشمہ سازی؟
اسی کش مکش میں گزریں مری زندگی کی راتیں
کبھی سوز و سازِ رومی ، کبھی پیچ و تابِ رازی
وہ فریب خوردہ شاہیں کہ پلا ہو کرگسوں میں
اسے کیا خبر کہ کیا ہے رہ و رسمِ شاہ بازی
نہ زباں کوئی غزل کی نہ زباں سے باخبر میں
کوئی دل کشا صدا ہو عجمی ہو یا کہ تازی
نہیں فقر و سلطنت میں کوئی امتیاز ایسا
یہ سپہ کی تیغ بازی ، وہ نگہ کی تیغ بازی
کوئی کارواں سے لوٹا کوئی بدگماں حرم سے
کہ امیرِ کارواں میں نہیں خوے دل نوازی

☆☆☆

غزل (۱۴)

اپنی جولاں گاہ زیرِ آسماں سمجھا تھا میں
آب و گل کے کھیل کو اپنا جہاں سمجھا تھا میں

بے حجابی سے تری ٹوٹا نگاہوں کا طلسم
اک ردائے نیلگوں کو آسماں سمجھا تھا میں

کارواں تھک کر فضا کے پیچ و خم میں رہ گیا
مہر و ماہ و مشتری کو ہم عناں سمجھا تھا میں

عشق کی اک جست نے طے کر دیا قصّہ تمام
اس زمین و آسماں کو بے کراں سمجھا تھا میں

کہہ گئیں رازِ محبت پردہ داری ہائے شوق
تھی فغاں وہ بھی جسے ضبطِ فغاں سمجھا تھا میں

تھی کسی درماندہ رہرو کی صدائے دردناک
جس کو آوازِ رحیل کارواں سمجھا تھا میں

☆☆☆

غزل (۱۵)

اک دانش نورانی ، اک دانش برہانی
ہے دانش برہانی ، حیرت کی فراوانی
اس پیکرِ خاکی میں اک شے ہے سو وہ تیری
میرے لیے مشکل ہے اس شے کی نگہبانی
اب کیا جو فغاں میری پہنچی ہے ستاروں تک
تو نے ہی سکھائی تھی مجھ کو یہ غزل خوانی
ہو نقش اگر باطل تکرار سے کیا حاصل
کیا تجھ کو خوش آتی ہے آدم کی یہ ارزانی
مجھ کو تو سکھا دی ہے افرنگ نے زندیقی
اس دور کے ملّا ہیں کیوں ننگِ مسلمانی
تقدیر شکن قوت باقی ہے ابھی اس میں
ناداں جسے کہتے ہیں تقدیر کا زندانی
تیرے بھی صنم خانے میرے بھی صنم خانے
دونوں کے صنم خاکی، دونوں کے صنم فانی

☆ ☆ ☆

غزل (۱۶)

یارب یہ جہانِ گزراں خوب ہے لیکن

کیوں خوار ہیں مردانِ صفا کیش و ہنر مند؟

گو اس کی خدائی میں مہاجن کا بھی ہے ہاتھ

دنیا تو سمجھتی ہے فرنگی کو خداوند!

تو برگِ گیاہ ہے نہ دہی اہلِ خرد را

اوکشتِ گل و لالہ بہ بخشد بہ خرے چند

حاضر ہیں کلیسا میں کباب و مئے گلگوں

مسجد میں دھرا کیا ہے بجز موعظہ و پند

احکام ترے حق ہیں، مگر اپنے مفسر

تاویل سے قرآں کو بنا سکتے ہیں پازند

فردوس جو تیرا ہے کسی نے نہیں دیکھا

افرنگ کا ہر قریہ ہے فردوس کے مانند

مدّت سے ہے ہے آوارۂ افلاک مرا فکر

کر دے اسے اب چاند کے غاروں میں نظر بند

فطرت نے مجھے بخشے ہیں جوہر ملکوتی

خاکی ہوں مگر خاک سے رکھتا نہیں پیوند

درویش خدامست نہ شرقی ہے نہ غربی

گھر میرا نہ دلّی ، نہ صفاہاں نہ سمرقند
کہتا ہوں وہی بات سمجھتا ہوں جسے حق

نے ابلۂ مسجد ہوں نہ تہذیب کا فرزند
اپنے بھی خفا مجھ سے ہیں ، بیگانے بھی ناخوش

میں زہر ہلاہل کو کبھی کہہ نہ سکا قند
مشکل ہے کہ اک بندۂ حق بیں و حق اندیش

خاشاک کے تودے کو کہے کوہِ دماوند
ہوں آتش نمرود کے شعلوں میں بھی خاموش

میں بندۂ مومن ہوں نہیں دانۂ اسپند
پرسوز و نظر باز و نکوبین و کم آزار

آزاد و گرفتار و تہی کیسہ و خورسند
ہرحال میں میرا دلِ بے قید ہے خرّم

کیا چھینے گا غنچے سے کوئی ذوقِ شکرخند
چپ رہ نہ سکا حضرتِ یزداں میں بھی اقبالؔ

کرتا کوئی اس بندۂ گستاخ کا منہ بند

☆ ☆ ☆

بالِ جبریل (حصّہ نظم)

تنقید و تبصرہ

مسجدِ قُرطُبَہ

مفہوم: پہلا بند: وقت کا بہاؤ جسے ہم زمانہ کہتے ہیں، ہر لمحہ نئے نئے حادثوں کو جنم دیتا ہے۔ اِنھیں حادثات میں زندگی بھی ہے اور موت بھی۔ یہ وقت ہی ہے جس کے بہاؤ میں کوئی پیدا ہوتا ہے اور کوئی مرتا ہے۔ یہ رات اور دن کا سلسلہ ایک ریشمی لچھا ہے جس کے دورنگ ہیں اور اِنھیں رنگوں سے ذاتِ الٰہی کے لیے قبائے صفات تیار ہوتی ہے۔ یعنی صبح اور شام اِسی سلسلے میں ہی اللہ کی صفتوں کا ظہور ہوتا ہے اور جو اہلِ دل ہوتے ہیں اُنھیں خدا کا یہاں سے بھی سراغ ملتا ہے۔ روزِ ازل سے زندگی کا یہ سازِ وقت ہی کی انگلیاں بجا رہی ہیں۔ چونکہ زندگی کے سارے نشیب و فراز وقت ہی کے دائرے میں رونما ہو رہے ہیں۔ زمانہ سب سے بڑا پارکھ یعنی کھرے کھوٹے کو پرکھنے والا بھی ہے۔ وقت دراصل ایک کسوٹی ہے اِس لیے جو اِس پر پورا نہیں اترتا وہ فنا ہو جاتا ہے۔ وقت تو ایک ایسا طویل سلسلہ ہے جس کا کوئی کنارہ نہیں۔ ہمارے دنوں اور راتوں کی حقیقت زمانے کے اِس طویل سلسلے میں ویسے ہی ہے جیسے وسیع سمندر میں ایک لہر ہے۔ اِسی لیے دنیا کے وہ تمام نقش جو انسانی کمال اور مہارت کا نمونہ ہیں اپنے اپنے وقت پر زمانے کے سلسلے میں ظاہر ہو کر ایک مقررہ مدت تک رہنے کے بعد آخر کار فنا ہوتے جائیں گے۔ دنیا کی

ہر چیز عدم سے وجود میں آئی ہے اور اسے دوبارہ نیست و نابود ہو جانا ہے۔

دوسرا بند: لیکن وہ نقش جسے کسی مردِ خدا یعنی مردِ مومن نے بنایا ہو، کبھی فنا نہیں ہوتا۔ اس میں ہمیشہ باقی رہنے کی قوت پائی جاتی ہے۔ اس کا خاص سبب یہ ہے کہ مردِ خدا کے عمل میں عشق شریک رہتا ہے اور عشق وہ جذبہ ہے جو لافانی ہے۔ اسے کبھی فنا نہیں ہے کیونکہ وہی اصل حیات ہے۔ عشق زمانے پر حاوی ہے۔ کیونکہ گرچہ زمانے کا بہاؤ بھی تیز وتند ہے لیکن عشق خود بھی ایک طوفان اور سیلاب ہے۔ اس لیے زمانے کے سیل کو روک لیتا ہے۔ عشق کی جنتری میں زمانہ حال کے علاوہ بھی بہت سے زمانے ہیں چونکہ یہ دائم وقائم ہے۔ یہ زمانے ہماری نگاہوں سے اوجھل ہیں اس لیے ہم ان کا نام بھی نہیں متعین کر سکتے۔ عشق کا مقام بہت بلند ہے۔ اس کی پاکیزگی اور رفعت کا یہ حال ہے کہ وہ دمِ جبریل بھی ہے اور دلِ مصطفیٰ بھی، وہ خدا کا رسول بھی ہے اور خدا کے کلام میں بھی اس کے جلوے موجود ہیں۔ عشق کی بدولت مٹی کا پتلا انسانیت کے اعلا سے اعلا درجے پر فائز ہوتا ہے۔ عشق وہ کچی شراب ہے جس کا نشہ بہت تیز ہوتا ہے۔ یہ وہ پیالہ ہے جس سے سبھوں کو فیض پہنچتا ہے۔ عشق ہی شریعت اور دین کا محافظ ہے، عشق ہی مجاہدوں کا سردار ہے۔ عشق ایک مسافر ہے جو رواں ہے۔ اس لیے اس کے ہزاروں مقامات ہیں۔ مختصر اًیوں سمجھیے کہ عشق ہی زندگی کا سبب اور اس کی حقیقت ہے۔ اگر عشق نہ ہوتا تو زندگی کے ساز سے کوئی نغمہ نہ نکلتا۔ عشق ہی کی بدولت زندگی میں شانِ جمال اور شانِ جلال دونوں پائی جاتی ہے۔

تیسرا بند: مسجدِ قرطبہ کی تعمیر میں بھی عشق ہی کی کارفرمائی ہے اور عشق چونکہ زمانہ حال اور ماضی کی گرفت سے آزاد ہوتا ہے اس لیے مسجدِ قرطبہ پر بھی زمانے کی گردش کا کوئی اثر نہیں ہے۔ تمام فنونِ لطیفہ کی بنیاد اسی جذبہ خلوص پر ہے جسے عشق کہتے ہیں۔ اس لیے مصوری ہو یا تعمیر، موسیقی ہو یا شاعری، خطاطی ہو یا سنگ تراشی ان تمام فنونِ لطیفہ کا ارتقا اسی وقت ممکن ہے جب فن کار کے دل میں جذبہ عشق موجود ہو۔ خونِ جگر بغیر عشق کے ممکن نہیں۔ اس لیے اقبال نے یہاں خونِ جگر بمعنی جذبہ عشق استعمال کیا ہے جو ایک صادق جذبہ ہے۔ صاحبِ فن کا خلوص

یا جذبۂ عشق پتھر جیسی بے جان چیز میں بھی جان ڈال کر اسے دل بنا سکتا ہے۔ آواز میں جو تاثیر پائی جاتی ہے وہ لکڑی کے بنے ہوئے ساز سے نہیں پیدا ہوتی بلکہ موسیقار کے دل کا خلوص اسے جنم دیتا ہے۔ چونکہ مسجدِ قرطبہ اور کلامِ اقبال دونوں کی بنیاد خلوص پر ہے۔ اس لیے اگر مسجد کی فضا دل فروز ہے تو اقبال کی شاعری بھی دل کو تڑپا دینے والی ہے۔ اگر مسجد کا نظارہ دیکھنے والے کے دل میں خدا کے وجود کا یقین پیدا کرتا ہے تو اقبال کا کلام بھی پڑھنے والے کے دل میں اللہ کی محبت پیدا کر دیتا ہے۔ چونکہ مومن کے دل میں عشقِ الٰہی کا جذبہ موجزن رہتا ہے اس لیے مومن کا دل بھی عرشِ معلیٰ سے کم نہیں ہوتا۔ گرچہ انسان کا جسم خاکی ہے لیکن اس جذبۂ عشق کے سبب اسے فرشتوں پر بھی فضیلت حاصل ہو جاتی ہے کیونکہ نوری پیکروں یعنی فرشتوں کو بھی گرچہ سجدہ کرنے کا اختیار حاصل ہے لیکن ان کے دل میں عشق کا جذبہ نہیں ہے اس لیے وہ سجدے کی لذت سے واقف نہیں ہیں۔ اقبال جو ایک کفری کی بستی کا رہنے والا ہے اس کے دل میں بھی عشق کی آگ بھڑک رہی ہے اور اس کی آواز کی ہر لہر میں اللہ کی محبت اور عشقِ رسولؐ کی جھلک صاف دکھائی دیتی ہے۔

چوتھا بند: مسجدِ قرطبہ میں جو حسن اور جلال دکھائی دیتا ہے وہ مسجد کو بنانے والے کی عظمت اور جمال کو ظاہر کرتا ہے۔ مسجد کی بنیاد نہایت متحکم ہے اور اس میں یہاں سے وہاں تک بے شمار ستون اس طرح نظر آتے ہیں جیسے شام کے نخلستان میں کھجور کے درختوں کا سلسلہ ہو۔ اس کا بلند و بالا مینار ''تقریباً ایک سو دس فٹ اونچا'' جبریل کی جلوہ گاہ معلوم ہوتا ہے۔ یعنی اس پر آسمان سے رحمت و برکت کا نزول ہوتا ہے۔ شاید اسی لیے مسجد کے درو دیوار پر ہر وقت ایک آفاقی اور آسمانی نور چھایا رہتا ہے۔ کوہِ طور کی دائیں جانب جو وادی ہے اسے وادیِ ایمن کہتے ہیں۔ چونکہ کوہِ طور پر حضرتِ موسیٰ کو خدا کا نور دکھائی دیا تھا اس لیے وادیِ ایمن کے نور کو ہم آسمانی نور بھی کہہ سکتے ہیں۔ مسجدِ قرطبہ کو خدا کے جن نیک بندوں نے تعمیر کیا وہ دنیا سے رخصت ہو گئے مگر ان کی قوم باقی ہے اور اس ملّتِ اسلامیہ کو مٹانا دینا کے لیے ناممکن ہے۔ کیونکہ اس کی اذانوں میں حضرت موسیٰ اور حضرت ابراہیم کے پیغامات کی گونج ہے۔ یہ ملّت دنیا میں اسلامی

روایتوں کی محافظ ہے۔ اس کی سرحدیں بہت وسیع ہیں۔ ان کی حکومتیں دریائے دجلہ سے لے کر دریائے ڈینوب اور دریائے نیل کے کناروں تک پھیلی ہوئی ہیں۔ (اس مصرع میں سلطنتِ عثمانیہ کی وسعت کی طرف اشارہ ہے) یہ وہی مسلمان ہیں جنھوں نے حیرت انگیز کارنامے انجام دیے ہیں اور دنیا کی سوئی ہوئی قوموں کو علوم و فنون کے پوشیدہ رازوں سے آگاہ کر کے پیغامِ سفر دیا ہے۔ یہ وہی لوگ ہیں جو میدانِ جنگ میں بھی برسرِ پیکار رہے ہیں اور علم کے میدان میں بھی دوسروں کی رہنمائی کرتے رہے ہیں۔ یہ وہی مجاہدین ہیں جو خدا کے سوا اور کسی سے نہیں ڈرتے۔ وہ ہر حملے سے بچاؤ کے لیے خدا ہی کی پناہ ڈھونڈتے ہیں۔ کیونکہ ان کے دل عشقِ الٰہی اور عشقِ رسول کے جذبے سے سرشار ہیں۔

پانچواں بند: مسجدِ قرطبہ کو دیکھ کر اللہ کے ان نیک اور پاکباز بندوں کی یاد تازہ ہو جاتی ہے جو دن کو جدّ و جہد کرتے تھے اور رات کو سر بہ سجود ہوتے تھے۔ ان کی ہمت ان کی عظمت، ان کے عشقِ الٰہی اور ان کی بلندی خیال کا تصور اس مسجد کو دیکھ کر ہی کیا جا سکتا ہے۔ یہ وہی بندے تھے جن میں اللہ کی صفتیں پیدا ہو گئی تھیں۔ وہ ارتقائے خودی کی بلند ترین منزل پر پہنچ کر مردِ کامل بن چکے تھے جس کی آواز خدا کی آواز اور جس کا ہاتھ خدا کا ہاتھ ہوتا ہے۔ پھر وہ ہر کام پر غالب ہوتا ہے۔ اس میں کار آفرینی، کارکشائی اور کارسازی کی خصوصیات پیدا ہو جاتی ہیں۔ یہ ایسے بندے تھے جن کے جسم تو خاکی تھے مگر دل نورِ الٰہی سے معمور تھے اس لیے وہ گرچہ دنیا کی ساری لذتوں سے بے نیاز تھے لیکن ہر شے پر قادر تھے۔ ان کی نگاہوں میں دلنوازی تھی اور گفتگو میں نرمی۔ ان کا مقصد بہت بلند تھا مگر انھیں دنیا والوں سے کسی قسم کی توقع بہت کم تھی۔ وہ جب میدانِ جنگ میں جاتے تھے تو ان کی بہادری دیکھنے کے لائق ہوتی تھی اور جب دوستوں کی بزم میں بیٹھتے تھے تو نرم دلی کی مثال قائم کر دیتے تھے۔ ہر حال میں پاکبازی اور پاک نیّتی ان کے ساتھ ہوتی تھی۔ سچ تو یہ ہے کہ یہی وہ مردِ مومن تھے جو حق و صداقت کے پرکار (دائرہ کھینچنے کا آلہ) کا مرکزی نقطہ تھے اور یہ ساری دنیا ان کے بغیر ان کے ایک خواب یا جادو سے زیادہ حقیقت نہیں رکھتی تھی۔ یہ لوگ عقل اور عشق دونوں کی اعلا ترین منزل پر فائز تھے اور دنیا کی بزم میں ساری

رونق انھیں کے دم سے تھی۔

چھٹا بند: مسجدِ قرطبہ فنِ تعمیر کا بھی شاہکار ہے۔ اس لیے یہ فنونِ لطیفہ کے ماہرین کی نظر میں اسی طرح لائقِ احترام ہے جیسے مسلمانوں کی نظر میں کعبہ۔ مذہبی نقطۂ نظر سے بھی اس کا مقام بہت بلند ہے۔ یہ اسلام کی عظمت کا ثبوت ہے۔ اندلس کی زمین بھی اس مسجد کے سبب مکۂ معظمہ کی طرح احترام کے قابل ہوگئی ہے۔ اگر اس وسیع آسمان کے نیچے مسجدِ قرطبہ کے حسن کی کوئی مثال مل سکتی ہے تو وہ مومن کے دل میں مل سکتی ہے۔ کیونکہ مومن کا قلب بھی جلال اور جمال کا بہترین مظہر ہے اور مسجدِ قرطبہ بھی۔ یہی باعملِ مومن تھے جنھوں نے ایک طویل عرصے تک فلسطین پر حکومت کی تھی۔ ان میں طارق بن زیاد اور ان کے ہم راہی تھے جو بہترین اخلاق و کردار کے مالک تھے اور دنیا میں صرف نامِ حق کو بلند کرنے کے لیے زندہ تھے۔ ان لوگوں نے اپنی حکومت کے دوران اپنے عمل سے یہ واضح کر دیا کہ سچے مردانِ خدا بادشاہت میں بھی فقیری اختیار کرتے ہیں۔ چونکہ وہ دنیا کی دولتوں سے بے نیاز ہوتے ہیں۔ یہ وہی عربی النّسل شہسوار تھے جنھوں نے مشرق و مغرب کے لوگوں کو علوم و فنون سے آگاہ کیا۔ یہاں قرطبہ اور غرناطہ کے ان مدرسوں کی طرف اشارہ ہے جن میں یورپی ممالک سے طلبہ حصولِ علم کے لیے آتے تھے۔ مشہور اندلسی حکیم ابنِ رشد کے خیالات نے بھی ایک عرصہ تک فرانس، اٹلی اور دوسرے مشرقی و مغربی ممالک کے فلسفیوں کو متاثر کیا ہے۔ آج بھی اندلس کے باشندوں میں ان ہی عربی شہسواروں کے اثرات سے خوش مزاجی، مہمان نوازی، سادہ دلی اور حسنِ ظاہری سری عام ہے۔ آج بھی یمن کی خوشبو سے اندلس کی ہوائیں معطر ہیں اور وہاں کی گفتگو میں حجازی لب و لہجے کا حسن نمایاں ہے۔

ساتواں بند: ستاروں کی نگاہ میں مسجدِ قرطبہ کی زمین بھی آسمان کے برابر ہے (یہاں انجم سے مراد بعض لوگوں نے مردِ مومن لیا ہے) لیکن افسوس کا مقام یہ ہے کہ صدیوں سے اس کی فضا میں اذان کی آواز نہیں گونجی ہے یعنی یہاں نماز نہیں ہوئی ہے۔ پتا نہیں اتنے برسوں کے بعد بھی عشق کی تپش سے لبریز دل والوں کا قافلہ اس مسجد تک کیوں نہیں پہنچا ہے۔

پتا نہیں اب تک مسلمانوں نے اندلس کو فتح کرنے کے لیے دوبارہ کوشش کیوں نہیں کی؟ حالانکہ تغیر اور انقلاب اس دنیا کی فطرت ہے۔ جرمنی میں لوتھر نے اصلاحِ دین کی تحریک شروع کی اور پیرِ کنشت یعنی پاپاے روم کے اقتدار سے معصوم عیسائیوں کو آزاد کرایا۔اس طرح عیسائیت میں جو غلط عقائد داخل ہو گئے تھے وہ مذہب سے خارج ہوئے اور دینِ مسیحی کی اصلاح ہوگئی۔ فرانس میں بھی انقلاب آیا اور اٹھارھویں صدی کے اس انقلاب نے اہلِ مغرب کے طرزِ زندگی میں ہلچل پیدا کر دی۔ پہلی بار شخصی حکومت کے خلاف آواز اٹھائی گئی اور تین سال کی جدّوجہد کے بعد ۹۲ء میں فرانس میں جمہوریت قائم ہوگئی۔ اسی طرح اطالوی قوم بھی جو پرانی باتوں کی اندھی تقلید سے بری حالت میں پہنچ چکی تھی تجدید اور اصلاح کے ذریعے پھر تازہ ہو چکی ہے لیکن ملّتِ اسلامیہ اب تک کسی ایسے انقلاب سے آشنا نہیں ہوئی جس کے نتیجے میں مسجدِ قرطبہ کی دیرینہ عظمت بحال ہو سکے۔ بہرحال مستقبل تو خدا کے پوشیدہ علوم میں ایک علم ہے۔اس راز سے پردہ اٹھانا تو مشکل ہے لیکن مسلمانوں میں بھی جس طرح انقلاب کی روح بیدار ہو رہی ہے اس سے یہ اندازہ لگانا دشوار نہیں کہ جمود کے سمندر سے حرکت کے آثار ظاہر ہوں گے۔ آسمان رنگ بدلے گا اور پردۂ غیب سے ایسی کوئی صورت ضرور باہر آئے گی جو مسلمانوں کا کھویا ہوا وقار واپس دلانے میں معاون ہوگی۔

آخری بند: شام کے حسین مناظر میں کھویا ہوا شاعر ملّتِ اسلامیہ کے مستقبل کو اپنے تصوری آنکھوں سے دیکھ رہا ہے۔شام کا وقت ہے، آفتاب غروب ہوتے ہوئے اپنے پیچھے لعل بدخشاں کے ڈھیر چھوڑ گیا ہے۔ دیہاتی لڑکی کا گیت سادہ مگر سوز سے بھرا ہوا ہے دل ایک کشتی ہے جو شباب کی لہروں پر ہچکولے کھا رہی ہے۔ دریاے کبیر رواں دواں ہے۔اور اس کے کنارے کھڑا ہوا شاعر یہ محسوس کر رہا ہے کہ قوموں کی زندگی حرکت و عمل کے آئینے میں سنورتی ہے، جو قومیں ہر وقت اپنے اعمال کا جائزہ لیتی رہتی ہیں اور انقلاب بدامان رہتی ہیں انھیں اللہ دنیا کی سرداری عطا کرتا ہے اور وہ دنیا پر حکومت کرتی ہیں۔ شاعر دیکھ رہا ہے کہ مسلمانوں میں بھی انقلاب کی تمنا جاگ رہی ہے اور ان کا مستقبل بھی روشن ہے لیکن وہ واضح طور پر یہ باتیں اس

لیے نہیں کہتا کہ یورپ کی قومیں یقین نہیں کریں گی۔ سب سے بڑی ضرورت یہ ہے کہ مسلمانوں کو بھی اپنے اسلاف کی طرح دل میں جذبۂ عشق پیدا کر کے خونِ جگر حاصل کرنا چاہیے۔ اسی خونِ جگر نے مسجدِ قرطبہ کے حسن کو لازوال بنایا ہے۔ یہی خونِ جگر جو ظاہر ہے عشق کا نتیجہ ہے مسلمانوں کو بھی ان کی کھوئی ہوئی عظمت و شان و شوکت واپس دلا سکتا ہے۔ یہی انقلاب کے کارواں کو منزل تک پہنچائے گا۔ کیونکہ اس کے بغیر سارے نقش ادھورے ہوتے ہیں۔

فنی جائزہ:

اقبالؒ کی اس نظم کی ابتدا میں ہی یہ نوٹ موجود ہے کہ یہ نظم ہسپانیہ کی سرزمین بالخصوص قرطبہ میں لکھی گئی۔ اس لیے اقبالؒ کی اس نظم کے بارے میں یہ بات ایک عرصہ سے کہی جاتی رہی ہے کہ مسجدِ قرطبہ کی زیارت کے بعد اس کے حسنِ تعمیر نے اقبالؒ کی نگاہوں کے سامنے تاریخ اور تہذیب کے کئی باب روشن کر دیے۔ مسجد کو مختلف پہلوؤں سے دیکھتے وقت ان پر عشقِ الٰہی اور عشقِ رسول ﷺ کا ایک ناقابل بیان جذبہ طاری ہوا جس کے نتیجے میں خیالات کی مختلف لہریں روشنی کے جھماکوں کی طرح ان کے ذہن سے ٹکراتی رہیں اور انھیں لہروں کو اقبالؒ نے الفاظ کی شکل دے کر اس نظم میں پیش کر دیا۔ جدید تحقیق نے مسجدِ قرطبہ اور اقبال کے تعلق سے یہ انکشاف کیا ہے کہ اقبال کو مسجدِ قرطبہ دیکھنے کا کوئی موقع نہیں ملا تھا اور یہ نظم محض تصورات کے سہارے لکھی گئی ہے۔ حقیقت جو کچھ بھی ہو اس سے انکار نہیں کیا جاسکتا کہ مسجدِ قرطبہ دراصل عشقِ خدا اور عشقِ رسول ﷺ کی ایک علامت کے طور پر اقبال کے سامنے رہی ہے۔

مرکزی خیال:

نظم کا مرکزی خیال وہی ہے جو اس نظم کے آخری شعر میں سامنے آتا ہے یعنی ۔

نقش ہیں سب ناتمام خونِ جگر کے بغیر

نغمہ ہے سودائے خام خونِ جگر کے بغیر

گویا وہ دنیا کا کوئی بھی فن ہو کوئی بھی نقش ہو، کوئی بھی کام ہو، اگر اس میں عشق کا جذبہ شامل ہے، اگر اس میں خلوص اور جگر سوزی کارنگ شریک ہے، اگر اس میں خونِ جگر صرف ہوا ہے تو وہ وقت کے اثرات سے بے نیاز ہو گا۔ چونکہ عشق کی رفتار وقت کے بہاؤ پر حاوی ہے۔ مسجدِ قرطبہ بھی چونکہ عشق کا مظہر ہے اور اس کی تعمیر ان مردانِ خدا نے کی ہے جو جگر سوزی میں اپنی مثال نہیں رکھتے تھے۔ اس لیے اس کا حسن بھی لا زوال ہے۔

تلخیص:

نظم کی ابتدا میں مادی ترقیوں کی بے ثباتی کا بیان ہے۔ اقبال مثالوں کی روشنی میں یہ بتاتے ہیں کہ ساری مادی آرائشیں وقت کے تیز و تند سیلاب میں بہہ جاتی ہیں اور باطن و ظاہر، تازہ و کہن کمال کو فنا کا منہ دیکھنا پڑتا ہے۔ لیکن وہ نقوش جن کے بنانے میں کسی مردِ خدا کا ہاتھ ہوتا ہے، ہمیشہ باقی رہتے ہیں۔ چونکہ مردِ خدا جذبۂ عشق سے سرشار ہوتا ہے اور یہ جذبہ بلندی، پاکیزگی اور رفعت، جلال اور جمال میں اپنی مثال آپ ہے۔ اسی جذبے سے زندگی میں رونق، تازگی اور تابناکی ہے اور یہی عین حیات ہے۔ آگے چل کر اقبال مسجدِ قرطبہ کو عشق کی علامت کے طور پر پیش کرتے ہیں اور اس کے لا زوال حسن کو اپنے دعوے کے لیے ثبوت کے طور پر سامنے لاتے ہیں۔ وہ کہتے ہیں کہ اسی عشق سے رنگوں کے فن یعنی مصوری، فن تعمیر، موسیقی اور خطاطی وغیرہ میں لا زوال حسن پیدا ہوتا ہے۔ جب فن کار کے دل میں خلوص ہوتا ہے تو وہ اپنا خونِ جگر اپنے فن پر صرف کرتا ہے۔ جو فن کی حیاتِ دوام کا ضامن ہے۔ اسی جذبے کے سبب انسان فرشتوں سے بلند ہو جاتا ہے۔ مسجدِ قرطبہ کی تعمیر میں بھی جلال اور جمال دونوں کا حسن ملتا ہے۔ اس کے درو بام سے ان عظیم عربی شہواروں کا عزم، ان کی محنت و مشقت، ان کے عشقِ حقیقی اور ذوق و شوق کا احساس ہوتا ہے جنھوں نے میدانِ جنگ اور محفلِ دوستاں میں اپنی بہادری اور دلنوازی کی یاد گاریں چھوڑی ہیں۔ مسجدِ قرطبہ اسلام کی عظمت کا بھی نشان ہے اور فن تعمیر کے حسن کا بھی نمونہ ہے اور اس کی مثال صرف قلبِ مسلم میں ہی مل سکتی ہے جو جلال و جمال کا

بہترین مرکز ہے۔ مگر افسوس کہ آج قلبِ مومن کی طرح مسجدِ قرطبہ بھی ویران ہے اور مسلمانوں نے اب تک اس کی دیرینہ عظمت بحال کرنے کے لیے کچھ نہیں کیا۔ فرانس، جرمنی اور اٹالیہ میں انقلاب آچکا مگر مسلمان ابھی تک بے خبر ہیں۔ بہر حال اب ان میں بھی اضطراب اور بے چینی کی وہی کیفیت ہے جو انقلاب کو جنم دیتی ہے۔ اس لیے دریائے کبیر کے کنارے فطرت کے حسین مناظر سے لطف اندوز ہوتے ہوئے میں اپنے تصوری کی آنکھوں سے یہ دیکھ رہا ہوں کہ اس قوم کی حالت بدلنے کو ہے۔ اگر یہ بھی اپنی کوششوں میں خونِ جگر شامل کر لے تو دنیا کی حکمرانی اس کے حصے میں آسکتی ہے اور مسجدِ قرطبہ کی طرح اس کی عظمت بھی لا زوال ہو سکتی ہے۔

تبصرہ :

ناقدین نے مسجدِ قرطبہ کو اقبال کا شاہکار کہا ہے اس کی فنی خوبیوں کا شمار مشکل ہے۔ اقبال نے اس کی ابتدا میں قصیدے کا رنگ اختیار کیا ہے اور وقت کی تعریف گویا تشبیب ہے۔ اس کے بعد "گریز" شروع ہوتا ہے جو صرف دو اشعار پر مشتمل ہے۔ یہ دوسرے بند کے ابتدائی دو اشعار ہیں۔ روز و شب کی گردش کے بارے میں جسے ہم زمانہ یا وقت کہتے ہیں اردو شاعری میں بہت سارے اشعار اور نظمیں موجود ہیں لیکن اقبال نے نظم کے پہلے بند میں وقت کی جو تصویر کشی کی ہے اس کی مثال اردو تو کیا کسی دوسری زبان میں بھی نہیں ملتی۔ "سلسلۂ روز و شب" کی تکرار نے ایک ایسی صوتی فضا تخلیق کی ہے جو وقت کی رفتار کا پتا دیتی ہے۔ پہلے بند کے آخری مصرعے میں کارِ جہاں بے ثبات کارِ جہاں بے ثبات" پر پہنچ کر یہ صوتی آہنگ گویا اپنے نقطۂ عروج تک پہنچ جاتا ہے اور پھر ایک ہموار لہجہ ہے جس میں مایوسی کی لے ہے یعنی اول و آخر فنا باطن و ظاہر فنا۔۔۔۔۔۔ لیکن یہ مایوسی کی لے فوراً ہی امید کے نغمے میں تبدیل ہو جاتی ہے۔ جب وقت کی فنا بد امان تصویر کے مقابلے میں عشق کا ایک ابدیت آفریں تصور سامنے آتا ہے۔ چونکہ عشق پہلے بھی اردو شاعری کا محبوب موضوع رہا ہے اس لیے اس کی انفرادیت مثالوں کی روشنی میں واضح کر دی گئی ہے۔ یہی جذبۂ عشق جس کے جلوے بے شمار ہیں مسجدِ قرطبہ کی تعمیر کا بھی محرّک

77

ہے اور اقبال کی شاعری کا بھی۔

اقبال نے اس نظم میں اپنے تصورِ عشق کے علاوہ بعض دوسرے نظریات کی طرف بھی اشارہ کیا ہے۔ مثلاً اقبال کا تصورِ زماں بھی یہاں ضمنی طور پر سامنے آتا ہے۔ جب وہ یہ کہتا ہے کہ تیرے شب و روز کی حقیقت اس کے سوا کچھ نہیں کہ وہ زمانے کی ایک رو ہیں۔ گویا اقبال کی نظر میں ماضی، حال اور مستقبل کو ہم آہنگ کرکے ہی وقت کے تاریخ ساز بہاؤ کا اندازہ لگایا جا سکتا ہے۔

نظم میں فکر و فلسفہ اور شعریت کا حسین امتزاج ہے۔ نہایت پیچیدہ اور گہرے مسائل کو تشبیہات و استعارات کی مدد سے اس طرح بیان کیا گیا ہے کہ طبیعت خوش ہو جاتی ہے۔ اسی لیے روحِ اقبال میں پروفیسر یوسف حسین کہتے ہیں :

”اقبال کی نظموں میں اس کی نظم مسجدِ قرطبہ جدید اردو ادب کا شاہکار ہے۔ اس میں شاعر نے ایمانی اثر آفرینی سے ایک طلسم سا پیدا کر دیا ہے۔ اس میں فن اور تاریخ اور فلسفہ ایسے خوش اسلوبی سے سموئے گئے ہیں کہ انسانی ذہن لطف اندوز ہوتا اور داد دیتا ہے“

نظم کے تقریباً ہر بند میں خوبصورت اور نادر تشبیہات و استعارات کا استعمال کیا گیا ہے۔ ایک ”سلسلۂ روز و شب“ کو ہی کبھی سیاہ و سفید ریشمی دھاگا، کبھی صرافِ کائنات اور کبھی سازِ ازل کی فغاں کہا گیا ہے۔ مسجدِ قرطبہ کو ”کعبۂ اربابِ فن“ اور ”سطوتِ دینِ مبیں“ دونوں کہہ کر اقبال نے یہ واضح کر دیا ہے کہ مذہبی تعلق کے علاوہ حسنِ تعمیر بھی اس کے پیشِ نظر ہے۔ آخری بندوں میں تلمیحات کی فراوانی ہے۔ ”حاملِ خلقِ عظیم“ ”صاحبِ صدق و یقیں“ وغیرہ کے ٹکرے مختلف تاریخ ساز مردانِ خدا کی یاد دلاتے ہیں۔ ساتویں بند میں تین اہم انقلابات کا ذکر جس بلاغت کے ساتھ صرف چار اشعار میں کیا ہے اس کی نظیر نہیں ملتی۔ آخری بند میں تو تشبیہات کا بے پناہ حسن سامنے آتا ہے۔ لعلِ بدخشاں کے ڈھیر کشتیِ دل کے لیے سیل ہے۔ عہدِ شباب اور صورتِ شمشیر ہے، دستِ قضا میں وہ قوم، اتنے خوبصورت فنی نمونے ہیں جنھوں نے نظم کو بہترین

فن پارہ بنادیا ہے۔ آخری بند کے پہلے شعر میں استعارہ بالکنایہ کی اچھی مثال سامنے آتی ہے۔

مجموعی طور پر کہا جاسکتا ہے کہ جس طرح مسجدِ قرطبہ دنیاے تعمیر میں ایک تاریخی کارنامہ ہے اسی طرح نظم مسجدِ قرطبہ بھی شاعری کی دنیا میں ایک تاریخی کارنامہ ہے۔ ڈاکٹر عبدالمغنی نے اپنی کتاب ''اقبال اور عالمی ادب'' میں مسجدِ قرطبہ کی فنی و فکری خوبیوں کا اعتراف کرتے ہوئے قدرے مبالغے کے باوجود ٹھیک ہی لکھا ہے کہ :

''مسجدِ قرطبہ نہ صرف اقبال اور اردو کی بہترین نظم ہے بلکہ دنیا کی بہترین نظم ہے۔ اس کے لازوال فنی حسن اور فکری بصیرت کے سامنے شیلی اور کیٹس کے سارے اوڈ اور نظمیں گرد ہیں''۔

☆☆☆

لینن

(خدا کے حضور میں)

مفہوم:

اَنفُس، نفس کی جمع ہے جس سے مراد انسانوں کی ذات ہے۔ آفاق ، افق کی جمع ہے جس سے مراد کائنات ہے اور آیات، آیت کی جمع ہے جس کے معنی ہیں دلائل، شواہد اور نشانات۔ اقبال اپنی چشمِ تصور سے لینن کو خدا کے سامنے حاضر دیکھتے ہیں۔ لینن خدا سے مخاطب ہو کر کہتا ہے کہ اے خدا! بے شک تیری ذات زندہ و پائندہ ہے اور تیری نشانیاں اور تیرے وجود کی شہادتیں انسانوں کے علاوہ کائنات کی دوسری چیزوں میں بھی موجود ہیں۔ لیکن میں جب تک دنیا میں رہا تیری ہستی کے بارے میں ہمیشہ شکوک وشبہات کا شکار رہا۔ چونکہ میں عقل کی رہنمائی میں تجھے سمجھنے کی کوشش کرتا رہا اور اہلِ خرد کا یہ حال رہا کہ ایک عالم اور فلسفی نے کوئی رائے قائم کی یا کوئی نظریہ پیش کیا تو دوسرے نے اسے رد کر دیا۔ حقیقت یہ ہے کہ فطرت کے حقائق و معارف سے نہ تو ستاروں کی چال کا مشاہدہ کرنے والے ماہرین فلکیات واقف ہیں اور نہ ہی پودوں پر تحقیق کرنے والے سائنس دان۔ اے خدا! میں عمر بھر خدا اور آخرت کے تصور کو کلیسا کے توہمات یعنی مذہبی رہنماؤں کی من گھڑت باتیں کہہ کر جھٹلاتا رہا۔ لیکن میں جسے جھوٹ کہتا تھا وہ آج سچ ثابت ہوا۔ اے خدا! ہم زمان و مکاں کی قید میں جکڑے ہوئے بندے ہیں اور تو اعصار (عصر کی جمع بمعنیٰ زمانہ) و آفات یعنی زمان و مکاں کا خالق ہے۔

اس کے بعد لینن خدا سے ایک سوال کرنے کی اجازت چاہتا ہے۔ یہ سوال زندگی

بھر اس کے دل میں کانٹے کی طرح کھٹکتا رہا ہے ۔ وہ خدا سے درخواست کرتا ہے کہ اگر دورانِ سوال اس سے کوئی گستاخی ہو جائے تو اسے معاف کر دیا جائے کیونکہ جب دل میں جذبات و خیالات کا ہجوم ہو تو انسان گفتگو کے انداز پر قابو نہیں رکھ پاتا۔ اس درخواست کے بعد لاطین سوال کرتا ہے کہ اے خدا! تو کون سے آدم کا معبود ہے؟ کیا اسی انسان کا جو آسمان کے نیچے زندگی گزار رہا ہے؟ لیکن مجھے تو ایسا لگا جیسے وہ لوگ تجھے اپنا خدا انہیں سمجھتے کیونکہ مشرق کی قومیں تو سفید فام مغربی لوگوں کو اپنا خدا سمجھتی ہیں اور مغرب کے لوگ چمکتے ہوئے چاندی اور سونے کے سکوں کو اپنا معبود مانتے ہیں ۔ کم از کم ان قوموں کے اعمال سے یہی ظاہر ہے ۔ ویسے تو یورپ میں علم و ہنر کی بہت روشنی ہے لیکن درحقیقت یہ ایک ایسا بحرِ ظلمات (تاریکی کا سمندر) ہے جس میں روحانیت کا کوئی سرچشمہ نہیں ۔ یہ لوگ صرف سود و زیاں کو ہی زندگی سمجھتے ہیں اور حیاتِ بعد الموت کا کوئی تصور نہیں رکھتے ۔ اس لیے گرجوں سے زیادہ خوبصورتی، رونق اور صفائی بینکوں میں نظر آتی ہے ۔ ظاہر ا یہ بینک تجارت کر رہے ہیں مگر دراصل یہاں ایک قسم کا جوا کھیلا جا رہا ہے جس میں چند لوگوں کو تو فائدہ ہو سکتا ہے مگر لاکھوں کے لیے یہ موت کا پیغام ہے ۔ یہ مغربی قومیں بظاہر تو مساوات اور برابری کا سبق دیتی ہیں مگر اپنے علم و حکمت تدبّر اور حکومت کو غریبوں کا خون چوسنے میں استعمال کرتی ہیں ۔ فرنگی حکومت اور شہریت نے صرف بیکاری، عریانی، شراب نوشی اور مفلسی کو بڑھاوا دیا ہے ۔ جو قوم آسمانی نعمتوں سے محروم ہو جاتی ہے ۔ اس کے کمالات بجلی اور بھاپ کے تجربات سے آگے نہیں بڑھتے ۔ مشینوں کی حکومت دل کے لیے موت کے برابر ہے ۔ کیونکہ مرّوت اور شرافت کے جذبات کو مشینیں کچل دیتی ہیں ۔ لیکن ایسا لگتا ہے کہ ان غریبوں کی تقدیر بھی بدلنے والی ہے اور حکمرانوں کی تدبیریں تقدیر کے سامنے شکست کھا رہی ہیں ۔ سرمایہ داروں کی حکومت میں ہلچل اور انقلاب کے آثار نمایاں ہیں اور یہ مغربی حکمراں دن رات اسی فکر میں پریشان ہیں ۔ شام کے وقت ان کے چہروں پر جو کچھ سرخی نظر آتی ہے وہ خوشی سے نہیں بلکہ یا تو غازہ و پاؤڈر یا شراب نوشی کے سبب ہے ۔

اے خدا! تو انصاف کرنے والا اور ہر شے پر قادر ہے لیکن تیری دنیا میں مزدوروں

کی زندگی بے حد تکلیف میں گزر رہی ہے ۔ دنیا انتظار کر رہی ہے کہ ان لوگوں کے لیے آخری یوم حساب کب آئے گا ۔ کب سرمایہ داروں کی حکومت کا سفینہ غرق ہو گا اور مزدوروں کو سکون نصیب ہو گا؟

فنی جائزہ :

''لینن خدا کے حضور میں'' اقبال کے زورِ تخیل کا بہترین نمونہ ہے ۔ لینن جیسے مادّہ پرست کو خدا کے حضور میں پیش کر کے پہلے تو خدا کی عظمت کا اعتراف کروانا اور پھر اشتراکی تصورِ حیات کے اہم ترین مسئلہ یعنی مزدور اور سرمایہ داری کی کش مکش کو خدا کے سامنے رکھنا اقبال کے اس یقین کا نتیجہ ہے کہ اسلام ہی سب سے مکمل نظامِ حیات ہے اور دیگر تمام نظریات کے اچھے پہلو اس نظریۂ حیات میں شامل ہیں ۔

تلخیص :

لینن جو سوویت روس کا پہلا صدر اور مارکسی نظریات کا زبردست مبلّغ تھا ۔ خدا کے حضور میں پیش ہو کر پہلے تو یہ اعتراف کرتا ہے کہ وہ عمر بھر عقل کی روشنی میں خدا کو تلاش کر کے اس کے وجود کا منکر رہا لیکن اب اس کے وجود کی عظمت آشکار ہوئی ۔ اس کے بعد وہ مزدوروں اور سرمایہ داروں کی کش مکش کا نقشہ خدا کے سامنے رکھتا ہے اور گویا خدا سے یہ سوال کرتا ہے کہ دنیا میں یہ عدم مساوات کیوں ہے جب کہ تو ساری دنیا کا خدا ہے اور قادرو عادل ہے؟

تبصرہ :

دراصل اقبال کی یہ نظم اس مستقل سلسلے کی پہلی کڑی ہے جس کا اختتام فرمانِ خدا پر ہوتا ہے ۔ یہ تو ظاہر ہے کہ لینن نے خدا سے خطاب نہیں کیا اور یہ خیالات اقبال ہی کی قوتِ تخیل کا نمونہ ہیں لیکن سوال یہ ہے کہ اقبال نے ایسا کیوں کیا؟ جواب واضح ہے ۔ لینن کی طرح اقبال خود بھی سرمایہ پرستی کے مخالف ہیں وہ اشتراکیت کے تصور سے اسی حد تک اتفاق کر سکتے ہیں جہاں

تک وہ خدا کے خیال سے باغی نہ ہو۔اقبال دراصل یہ دکھانا چاہتے ہیں کہ جس معاشی مساوات کو کمیونزم کی بنیاد قرار دیا جاتا ہے وہ دراصل اسلام کے وسیع ترین نظامِ حیات کا محض ایک حصہ ہے۔لیکن اسلام میں اس کی بنیاد عقل کے کمزور ہاتھوں میں نہیں بلکہ عشقِ الٰہی کے مضبوط ہاتھوں میں ہے۔اسی لیے وہ لینن کو پہلے خدا کے وجود کا معترف دکھاتے ہیں پھر اس کی زبان سے معاشی عدم مساوات کا مسئلہ پیش کرکے فرشتوں سے ایک تائیدی بیان دلواتے ہیں اور آخر میں خدا کا فرمان سامنے آتا ہے۔ایک ناقد نے اس صورتِ حال پر تبصرہ کرتے ہوئے کہا تھا کہ اقبال پہلے تو لینن کو مشرف بہ اسلام کرتے ہیں پھر اس کے اپنے عقائد کا اظہار کرواتے ہیں لیکن حقیقت یہی ہے کہ اقبال اپنے وسیع مطالعے کی روشنی میں اسلام کو ہی مکمل ترین نظامِ حیات سمجھتے ہیں اور بعض حلقوں میں پھیلنے والی اس غلط فہمی کو دور کرنا چاہتے ہیں کہ موجودہ حالات میں اشتراکیت موزوں ترین طریقہ زندگی ہے۔بقول پروفیسر یوسف حسین خاں:

’’اقبال اس حد تک اشتراکیت کے اصول سے متفق ہے کہ معیشت میں انسانی مساوات ہونی چاہیے اگر مکمل طور پر نہیں تو جہاں تک بھی مفادِ کلّی کی حدود کے اندر ممکن ہو۔لیکن اشتراکیت کی تعلیم کا دوسرا پہلو جو بے دینی اور الحاد کے راستے کی طرف جاتا ہے۔اقبال کے لیے قابل قبول نہیں‘‘۔

نظم میں فکری اور فلسفیانہ عناصر کی پیش کش کے باوجود بھرپور شعریت موجود ہے۔ خوبصورت تشبیہوں اور ترکیبوں کی بھی کمی نہیں اور بعض اشعار میں بلاغت کے اچھے نمونے موجود ہیں۔مجموعی طور پر لینن کی اپنی شخصیت بھی کہیں مجروح نہیں ہوتی اور خدا کے سامنے ایک بندے کو جس طرح جانا چاہیے وہ منظر بھی سامنے آتا ہے۔نظم کامیاب کہی جا سکتی ہے۔

فرشتوں کا گیت

مفہوم:

لینن نے خدا کے حضور میں جو درخواست پیش کی اس پر فرشتوں نے بھی اپنے جذبات کا اظہار کیا۔ فرشتے خدا سے مخاطب ہو کر کہنے لگے کہ اے نقش گر ازل یعنی کائنات کو بنانے والے تیرے بنائے ہوئے نقوش ابھی بھی مکمل نہیں ہوئے۔ دنیا میں ابھی بھی عقل کا غلط استعمال ہو رہا ہے۔ اور اس پر کوئی روک ٹوک نہیں۔ عشق کا جذبہ ابھی بھی عام نہیں ہوا۔ ابھی تک عشق کو اس کا صحیح مقام نہیں مل سکا ہے۔ دنیا میں اصلاح کی جو ضرورت پہلے تھی وہ اب بھی ہے۔ چونکہ حالات کم و بیش وہی ہیں۔ اب نقلی صوفی، جھوٹے مذہبی پیشوا، سرمایہ دار اور ارباب اقتدار معصوم اور بھولے بھالے عوام کو اپنی ہوس اور ریاکاری کا شکار بنانے کے درپے ہیں۔ ابھی بھی دولت مند لوگ اپنی دولت کے نشے میں مست ہیں اور غریب تباہ حالی کا شکار ہیں۔ حکمران اونچے اونچے محلوں میں عیش کر رہے ہیں اور غریب گلیوں میں مارے پھر رہے ہیں۔ اہلِ علم، دیندار، دانشور اور فنکار سب ہوس کی غلامی میں مبتلا ہیں اور ان ہی پیسے والوں کے حکم پر چلتے ہیں اور ان کے دلوں میں عشقِ الٰہی کا وہ جذبہ بیدار نہیں ہوا جو دل کی گرہیں کھول دیتا ہے۔ اسے خدا عشق زندگی کا جوہر ہے اور عشق کا جوہر خودی ہے۔ لیکن یہ تیز تلوار ابھی تک نیام سے باہر نہیں آئی۔ یعنی زندگی کی تکمیل گرچہ تکمیل خودی سے ہوتی ہے لیکن ابھی تک اکثر لوگ دنیوی عیش و عشرت کے طلب گار اور تربیتِ خودی سے بے نیاز ہیں۔

فنی جائزہ:

جب لینن نے خدا کے حضور میں مزدوروں کی حالتِ زار کا نقشہ پیش کیا اور سرمایہ داروں کے لیے یومِ حساب کی تمنا کی تو فرشتے بھی اس سے متاثر ہوئے اور انھوں نے لینن کی تائید کرتے ہوئے یہ عرض کیا کہ دنیا میں عقل و خرد کی قیامت خیزیاں حد سے سوا ہو چکی ہیں اور خدا کے غریب بندوں کے لیے زندہ رہنا مشکل ہو گیا ہے۔ اس لیے موجودہ سرمایہ دارانہ نظام کی بیخ کنی ضروری ہے تاکہ عشق کی بالا دستی قائم ہو سکے۔

یہ نظم لینن کے حضور میں اور فرمانِ خدا کی درمیانی کڑی ہے جو اقبال کے زورِ تخیل اور مضمون آفرینی کا نمونہ ہے۔ بظاہر ایسا محسوس ہوتا ہے کہ اقبال فرشتوں کی زبان سے لینن کے خیالات کی ترجمانی کر رہے ہیں لیکن حقیقت یہ ہے کہ انھوں نے عقل اور عشق کی تفریق واضح کر کے اشتراکیت اور اسلام کے نقطہ نظر کی وضاحت کر دی ہے۔

نظم میں بھر پور شعریت ہے اور عہدِ حاضر کے مسائل کو بہترین فنی پیرائے میں پیش کیا گیا ہے۔ نظم کا آخری شعر اقبال کے مرکزی تصورات اور بنیادی نظریات کا آئینہ دار ہے۔ لینن کی عرض داشت کے جواب میں فرمانِ خدا براہِ راست سامنے نہیں آیا بلکہ فرشتوں کے گیت کا اس میں ایک اہم حصہ رہا۔ اس طرح اقبال نے تینوں نظموں کو ایک طرح سے زیادہ فطری رنگ عطا کر دیا ہے "لینن خدا کے حضور میں" کی طرح اس نظم میں بھی تمثیلی رنگ نمایاں ہے۔

فرمانِ خدا

مفہوم : پہلا شعر :

خدا فرشتوں سے مخاطب ہو کر حکم دیتا ہے کہ دنیا کے غریبوں کو بیدار کر دو اور امیروں کے محلوں کو تباہ و برباد کر دو۔ اس شعر میں ایک خوبصورت پہلو یہ ہے کہ پہلے مصرعے کی توضیح دوسرے مصرعے میں ہوئی ہے۔ یعنی جب دنیا کے غریب جاگ جائیں گے اور اپنے حقوق کے لیے آمادۂ پیکار ہوں گے تو اس کا لازمی نتیجہ یہ ہو گا کہ امیروں کے ایوان میں خود بخود ہل چل مچ جائے گی۔

دوسرا شعر : غلام قوموں کے دل میں یقینِ محکم کی آگ روشن کر دیتا ہے کہ ان میں مقابلے کی قوت پیدا ہو۔ کمزور چڑیوں کو شاہین سے مقابلے کے لیے تیار کر دو۔

تیسرا شعر : دنیا میں جمہوریت کا زمانہ قائم ہو رہا ہے۔ بادشاہت کا دور ختم ہوا۔ اس لیے جو پرانے نقوش تمھیں نظر آئیں انھیں مٹا ڈالو۔

چوتھا شعر : جس کھیت سے کسانوں کو، جو کھیت کے اصل مالک ہیں، روزی روٹی میسر نہ ہو سکے اس کے ہر خوشۂ گندم (گیہوں کا گچھا) کو جلا کر راکھ کر دو۔

پانچواں شعر : وہ مذہبی رہنما (پیرانِ کلیسا یعنی عیسائی پادریوں کو یہاں مذہبی پیشواؤں کے لیے استعارے کے طور پر استعمال کیا گیا ہے) جو خدا اور بندوں کے درمیان دیوار بن کر حائل ہیں انھیں درمیان سے ہٹا دو تا کہ خالق اور مخلوق میں براہِ راست تعلق قائم

ہو سکے۔

چھٹا و ساتواں شعر: ریاکار ملاؤں اور پنڈتوں نے عوام کو فریب میں مبتلا کر رکھا ہے وہ ذاتی فائدے اور نام و نمود کے لیے ریاکاری کے ساتھ سجدے کرتے ہیں اور سنگِ مرمر کی خوبصورت عبادت گاہوں میں ایسی عبادت کرتے ہیں جس میں ذرہ برابر خلوص نہیں ۔ مجھے ایسی ریاکاریوں سے نفرت ہے ۔ ایک ایسی عبادت گاہ تعمیر کر دو جو خواہ مٹی کی بنی ہوئی ہو مگر اس میں لوگ خلوص کے ساتھ میری عبادت کریں ۔

آخری شعر: نئی تہذیب کا مقابلہ کوئی سرفروش ہی کر سکتا ہے ۔ کیونکہ شیشہ بنانے کے کارخانے میں وہی داخل ہو سکتا ہے جسے زخمی ہونے کا ڈر نہ ہو ۔ ایسی ہمت سوائے دیوانگی کے اور کسی طرح سے حاصل نہیں ہو سکتی ۔ اس لیے خدا فرشتوں کو حکم دیتا ہے کہ شاعرِ مشرق یعنی اقبال کے دل میں حسنِ ازل کی دیوانگی کا جذبہ پیدا کر دیں تا کہ وہ نئی تہذیب کے طلسم کو پاش پاش کر سکے۔

فنی جائزہ:

یہ نظم ''لینن خدا کے حضور میں'' اور ''فرشتوں کا گیت'' کے ساتھ مل کر ایک مکمل کیفیت کا احساس دلاتی ہے ۔ اقبال نے اپنے زورِ تخیل سے بہت ساری کامیاب نظمیں لکھی ہیں جن میں ایک ''فرمانِ خدا'' بھی ہے ۔ اقبال نے اپنے احساسات و جذبات کو بڑی خوبصورتی سے نظم کا جامہ پہنایا ہے ۔ لینن نے خدا کے حضور میں جو عرض داشت پیش کی تھی اور فرشتوں نے جس پر تائیدی گیت گایا تھا اس کا جواب اقبال نے خدائی طرف سے پیش کیا ہے جس میں خدا فرشتوں کو ایسے نظامِ زندگی کی ہر شے کو مٹا دینے کا حکم دیتا ہے جس میں غریبوں کو پیٹ بھر کھانا نہیں ملا اور مذہبی رہنما عیار و مکار ہو گئے ہیں ۔

موضوع:

نظم کا موضوع دنیا کا وہ فرسودہ نظامِ حیات ہے جہاں غریبوں کے لیے کوئی جگہ نہیں

ہے اور جسے مٹانا ضروری ہے ۔ عام طور پر یہ کہا جاتا ہے کہ اقبال نے یہ نظم اشتراکی خیالات سے متاثر ہو کر لکھی ہے لیکن حقیقت یہ ہے کہ مساوات اور برابری اسلام کے اس مربوط اور مبسوط نظام حیات کا محض ایک جزو ہے جو اقبال کا نصب العین ہے ۔ اس لیے اقبال نے بجا طور پر خدا کی زبان سے فرشتوں کو یہ حکم دیا ہے کہ وہ دنیا میں عدل و مساوات قائم کرنے کی کوشش کریں ۔

تلخیص :

لینن کی فریاد سننے کے بعد اور فرشتوں کے گیت سے متاثر ہو کر خدا فرشتوں کو یہ حکم دیتا ہے کہ دنیا کے اس فرسودہ نظام کو مٹا ڈالو جہاں غریب اس قدر مجبور ہیں کہ وہ آزادی کے ساتھ خدا کی عبادت بھی نہیں کر سکتے ۔ جہاں سرمایہ داروں کا ظلم اور مذہبی رہنماؤں کی ریا کاری ہے ۔ دنیا کی یہ نئی تہذیب شیشہ گروں کی جگہ ہے یہاں عقل سے زیادہ عشق کا زور چل سکتا ہے ۔ اس لیے اقبال کو بھی جنون کے آداب سکھا دو ۔

تبصرہ :

جیسا کہ اوپر ذکر ہو چکا ہے اقبال کی یہ نظم اس سلسلے کی ایک کڑی ہے جس میں دیگر دو نظمیں، "لینن خدا کے حضور میں" اور "فرشتوں کا گیت" شامل ہیں ۔ اقبال کا کمال یہ ہے کہ اس نے تینوں نظموں کے لہجے میں نظموں کی نوعیت کے اعتبار سے فرق قائم رکھا ہے ۔ لینن کا انداز اعترافِ حقیقت کا ہے ۔ اس لیے لہجے میں کچھ عاجزی و انکساری کے ساتھ ساتھ فریاد کا رنگ بھی ہے ۔ اس نے ایک نکتہ پیش کیا کہ ۔

تو قادر و عادل ہے مگر تیرے جہاں میں

ہیں تلخ بہت بندۂ مزدور کے اوقات

فرشتوں نے اس بیان کو اپنے "گیت" میں قدرے تفصیل سے پیش کیا اور پھر خدا کا فرمان سامنے آیا ۔ اس فرمان کے سلسلے میں یہ نکتہ قابل غور ہے کہ اقبال اشتراکیوں کے برعکس مذہب سے بیگانہ نہیں ۔ اس کے باوجود وہ ان پیرانِ کلیسا کو کلیسا سے اٹھانے کا حکم خدا کی زبان سے

اس لیے دیتے ہیں کہ وہ ان گمراہ مذہبی رہنماؤں کو خالق اور مخلوق کے درمیان ایک دیوار سمجھتے ہیں۔ ابتدائی دو نظموں کے مقابلے میں یہاں لہجہ فطری طور پر ''بلند آہنگ'' ہے کیونکہ یہ نہ تو درخواست ہے نہ گیت بلکہ ''فرمان'' ہے۔ اس میں جلالِ الٰہی کا رنگ نمایاں ہے۔ اس کی بلند آہنگی بہرحال خالص اشتراکی نظموں کے پرشور اور جارحانہ لب و لہجے سے الگ ہے کیونکہ بقول کلیم الدین احمد اقبال جذبات میں بہہ نہیں گئے ہیں بلکہ ان کو سلیقے سے پیش کیا ہے۔

نظم کے دوسرے شعر میں ''کنجشکِ فرومایہ'' کی خوبصورت ترکیب اقبال کے فن کا ثبوت ہے۔ غریبوں کی مجبوری اور بے بسی کے لیے اس سے بہتر مثال شاعری میں شاید کوئی نہیں ہو سکتی تھی۔ بعض خوبصورت ترکیبیں بھی موجود ہیں۔ نظم میں زورِ بیان کے ساتھ ساتھ شعریت اور پیغام کا اچھا امتزاج ملتا ہے۔

ذوق و شوق

مفہوم: ابتدائی شعر:

سعدی کا یہ شعر ابتدائے نظم میں درج کر کے اقبال نے یہ ظاہر کیا ہے کہ فلسطین کی مقدس سر زمین کی طرف جہاں میرے دوست کا جلوہ حاصل ہوتا ہے، خالی ہاتھ گیا تھا، لیکن وہاں سے بطور تحفہ یہ نظم لے کر آیا ہوں۔

پہلا بند: یہ ابتدائی بند تمہید کے طور پر لکھا گیا ہے جس میں عالم عرب کی مناسبت سے اقبال نے ریگ زاروں کی منظر کشی کی ہے۔ اقبال کہتے ہیں کہ جنگلوں اور ریگ زاروں میں صبح کا منظر بڑا دلکش ہوتا ہے جو دل اور نظر دونوں کو تازگی اور فرحت بخشتا ہے۔ آفتاب ایک چشمے کی طرح ہوتا ہے جس سے روشنی کی ندیاں نکلتی ہیں۔ یہ آفتاب حسنِ ازل کا نمائندہ ہے جس کی روشنی میں فطرت کا حسن نکھر کر سامنے آتا ہے اور گر چہ ایک نگاہ کا نقصان ہوتا ہے لیکن دل کو اس سے ہزاروں فائدے نصیب ہوتے ہیں۔ فلسطین کے گرد و نواح میں گھومتے ہوئے اقبال دراصل مدینہ منورہ کے قرب و جوار کا تصور کرتے ہیں۔ کوہِ اضم مدینہ منورہ کے قریب ایک پہاڑی ہے اور کاظمہ مدینہ منورہ کے کئی ناموں میں سے ایک ہے۔ اقبال یہ تصور کرتے ہیں کہ رات بھر کی بارش کے بعد سرخ اور نیلی بدلیاں اضم پہاڑ پر اس طرح منڈلا رہی ہیں جیسے کسی نے پہاڑ کو سرخ اور نیلی چادریں پہنا دی ہوں۔ بارش کے سبب درختوں کے پتے دھل گئے ہیں۔ ہوا گرد سے پاک ہے اور مدینہ منورہ کے ارد گرد کے علاقوں میں پھیلی ہوئی ریت ریشم کی طرح چکنی اور ملائم ہو گئی ہے۔ بجھی ہوئی راکھ کے ڈھیر اور ٹوٹے ہوئے خیموں کی رسیاں زبانِ حال سے کہہ

رہی ہیں کہ اس مقام سے پہلے بھی بے شمار قافلے گزر چکے ہیں۔ شاعر اس حسین منظر میں ڈوبا ہوا تھا کہ یکا یک عرش سے یہ آواز آئی کہ حسنِ ازل کی تلاش میں سرگرداں عاشقوں کو اسی سرزمین میں راحت مل سکتی ہے اور چونکہ تم بھی حسنِ ازل کے ہی عاشق ہو اور اس کے فراق میں بے چین ہو اس لیے یہیں قیام کرو۔

دوسرا بند: اقبال نے اس بند میں اپنی کیفیتِ فراق کا ذکر کیا ہے۔ ویسے تو ہر نیا فنکار کچھ نئے تصورات اور خیالات کے ساتھ پیدا ہوتا ہے، لیکن اقبال کی غیر معمولی فکری صلاحیتیں انھیں تجربات کی ایک نئی دنیا کا پتا دیتی ہیں اور یہ دنیا انھیں پرانی معلوم ہوتی ہے۔ اقبال کہتے ہیں کہ حسنِ ازل کا عشق ہی ساری سرگرمیوں کی روح ہے۔ یہ عشق ہی کی کارفرمائی تھی کہ حضرتِ ابراہیمؑ نے ایک ظالم بادشاہ کے سامنے سچی بات کہہ دی تھی۔ یہ عشق ہی تھا جس کے سبب حضرتِ حسینؓ میدانِ کربلا میں صبر و رضا کا پیکر بنے ہوئے تھے اور یہ اسی عشق کا کمال تھا کہ جنگِ بدر اور جنگِ حنین میں مسلمانوں کی ایک قلیل تعداد کافروں پر غالب آ گئی۔ عشق عقل اور دل و نگاہ سب کا رہبر ہے۔ یہاں تک کہ اگر دل میں جذبہ عشق موجود نہ ہو تو دین کے سارے ارکان بھی صرف کھوکھلے تصورات بن کر رہ جاتے ہیں۔ لیکن افسوس اس بات کا ہے کہ اب نہ عربیوں میں اور نہ عجمیوں میں وہ کیفیت باقی ہے۔ نتیجہ یہ ہے کہ کفر و الحاد کے بت بڑھتے جا رہے ہیں مگر کوئی محمود غزنوی نہیں جو انھیں توڑ ڈالے۔ دجلہ و فرات کے ساحل پر اب بھی ایک حسین کی ضرورت ہے مگر قافلہ حجاز میں کوئی ایسا شخص نظر نہیں آتا جو دین کا علم سربلند کر سکے۔ دلوں میں جب حسنِ ازل یعنی محبوبِ حقیقی کا عشق ہی باقی نہ رہا تو پھر ترقی اور بہتری کی کوئی صورت نکلنی مشکل ہے اور اسی لیے اقبال کو بزمِ کائنات پرانی اور زندگی زہر کا پیالہ محسوس ہوتی ہے۔

تیسرا بند: اس بند میں شاعر براہِ راست حسنِ ازل یعنی خدائے بزرگ و برتر سے مخاطب ہوتا ہے اور کہتا ہے کہ تو کائنات کا ایک ایسا راز ہے جس کی تلاش میں صدیوں سے کتنے قافلے رواں دواں ہیں۔ تیری تلاش میں وہ مدرسوں کے ملا بھی ہیں جن کی نگاہ تنگ اور ذوق مردہ ہے اور وہ صوفی بھی ہیں جن کے دل عشقِ خدا اور عشقِ رسول سے خالی ہیں۔ میں بھی تیری

جستجو میں مائل بہ سفر ہوں۔ میرے تمام نغموں میں تیرے فراق کا سوز اور تیری تلاش کا رنگ نمایاں ہے۔ میرے ساز میں میرے دل کا خون شریک ہے چونکہ میں نے اپنے نغموں کی پرورش خونِ جگر سے کی ہے۔ جس طرح بادِ صبا کے جھونکوں سے باغ میں غنچوں کی نشوونما ہوتی ہے اسی طرح میری شاعری کا مقصد دلوں میں آرزو کو پیدا کرنا ہے۔ اس لیے میرے دلِ بے قرار کو جو تیرے فراق میں بے چین ہے، سکون مت عطا کر بلکہ اپنے حسن میں اضافہ کر کے مجھے اور زیادہ بے قراری عطا فرما گویا

گیسوے تابدار کو اور بھی تاب دار کر

ہوش و خرد شکار کر قلب و نظر شکار کر

چوتھا بند: اس بند میں اقبال حسنِ ازل کی تعریف کرتے ہیں۔ کہتے ہیں کہ اے خدا! تو ساری دنیا پر محیط ہے اور تیری ہستی کی وسعت کے آگے یہ آسمان ایک بلبلے سے زیادہ حقیقت نہیں رکھتا۔ تو نے ہی دنیا کی ساری چیزیں بنائی ہیں۔ یہ لوح و قلم اور یہ کتاب، یہ پانی اور مٹی سب تیرے ہی حسنِ تخلیق کا نتیجہ ہیں۔ تیرے ہی عشق نے ذرۂ ریگ یعنی حضرت بلالؓ کو آفتاب کی طرح چمکنے کی قوت دی۔ بادشاہ سنجر اور بادشاہ سلیم میں تیری شان جلالی اور حضرت جنید اور بایزید کے فقر میں تیری شانِ جمالی دکھائی دیتی ہے۔ اس لیے اگر تیرا شوق اور تیرا عشق نمازوں میں میرے ساتھ نہ ہو تو میری نمازیں اور سجدے بھی بے کار ہیں۔ عشق ہو یا عقل گرچہ دونوں ایک دوسرے کی ضد ہیں مگر تیری ہی نگاہِ ناز سے دونوں اپنی اپنی مراد پاتے ہیں۔ اے میرے خدا یہ دنیا بڑی فرسودہ ہو چکی ہے۔ آفتاب کی گردش کے باوجود زمانہ تیرہ و تاریک ہے اس لیے ایک بار پھر اپنے جلوے کے نور سے دنیا کو تازگی بخش دے۔

آخری بند: اقبال عشق و عقل دونوں کا موازنہ کرتے ہوئے عشق کو افضل قرار دیتے ہیں کیونکہ عشق کا لازمی نتیجہ فراق ہے اور اقبال جیسے کسی بھی راہِ حق کے مسافر کو فراق کے عالم میں رہنا زیادہ پسند ہوتا ہے۔ کیونکہ وصل سے آرزو کی موت ہو جاتی ہے اور ہجر میں طلب کی لذت باقی رہتی ہے۔ اس لیے وہ کہتے ہیں کہ جس طرح قطرہ دریا سے جدا رہ کر ہی اپنی انفرادیت قائم رکھ سکتا

ہے اور موجِ دریا میں حل جانے کے بعد اپنی پہچان کھو دیتا ہے۔ اسی طرح انسان بھی اگر حسنِ ازل کے فراق میں مبتلا رہے تو اس کے دل میں آرزو زندہ رہتی ہے اور وہ ہر لمحہ جدّ و جہد میں مشغول رہتا ہے۔ جو کہ ظاہر ہے زندگی کی علامت ہے۔

بندگی کی ابتدا میں اقبال کہتے ہیں کہ اے میرے خدا تجھ سے میرے گذشتہ روز و شب چھپے ہوئے نہیں ہیں۔ میں اگر عقل کی رہنمائی میں سفر طے کرتا رہا اور عشق کو نہیں اپنایا تو اس کا سبب میری لاعلمی کے علاوہ اور کچھ نہ تھا۔ میں نے ایک عرصے کے بعد یہ جانا کہ عشق ہی کے ذریعہ رسول صلی اللہ علیہ وآلہ وسلم کی صفات اپنے اندر پیدا کی جا سکتی ہیں اور صرف عقل کی رہنمائی میں چلنے والا آدمی ابولہب کی طرح گمراہ ہو جاتا ہے۔ اس لیے اے میرے محبوب میں نے ایک بار تیرا جلوہ ارضِ فلسطین کے ریگ زاروں میں دیکھا تھا اور دوسری بار دیکھنے کی آرزو دل میں لیے زندگی کا سفر طے کر رہا ہوں۔ میں اسی کو عیشِ دوام سمجھتا ہوں۔

فنی جائزہ :

''ذوقِ شوق'' اقبال کے تصورِ عشق کی آئینہ دار ہے۔ نظم کا موضوع ''حسنِ ازل'' کی تلاش کا ذوق و شوق ہے۔ اقبال نے فلسطین کی مقدس سرزمین پر ایک بار اس حسن کا احساس کیا تھا جب چشمۂ آفتاب سے نور کی ندیاں بہہ رہی تھیں اور اس کی ایک نظر کے بدلے میں دل کو بڑی بے پایاں دولت ملی تھی   ؏

حسنِ ازل کی ہے نمود ، چاک ہے پردۂ وجود

اس ایک واقعہ کے بعد شاعر ہمیشہ عالمِ فراق میں رہا اور اس حسنِ ازل کی تلاش نے اسے کبھی سکون نہ لینے دیا۔ اقبال کو یہ عشق کی کیفیت بے حد پسند ہے کیونکہ اس کا لازمی نتیجہ فراق ہے جو اہلِ شوق کو مائل بہ عمل رکھتا ہے۔

مرکزی خیال :

نظم کا مرکزی خیال یہ ہے کہ اس دنیا کی تعمیر اور ترقی کے لیے عشق کا جذبہ بے حد

ضروری ہے ۔ یہ عشق خدا کا عشق ہے اور چونکہ خدا سے وصال اس دنیا میں ناممکن ہے لیکن اس کے نور کی جھلکیاں چشمِ تصور سے دیکھی جا سکتی ہیں اس لیے عاشق عمر بھر ایک عجیب و غریب لذتِ طلب سے دو چار رہتا ہے اور اسی جذبہ عشق سے سرشار ہو کر خدا کی راہ میں بڑے بڑے کارنامے انجام دیتا ہے ۔ جب سے دنیا قائم ہے مختلف طرح کے ہزاروں قافلے خدا کی تلاش و جستجو میں سرگرم رہے ہیں لیکن سچ تو یہ ہے کہ خدا کا عرفان عقل و خرد کے ذریعہ نہیں بلکہ صرف عشق ہی کے ذریعہ حاصل کیا جا سکتا ہے ۔ حد تو یہ ہے کہ اگر خدا کی محبت کا سچا جذبہ دل میں نہ ہو تو دین کے احکام اور تصورات بھی بے معنیٰ ہو جاتے ہیں ۔

تلخیص :

نظم ایک خوبصورت تمہید کے ساتھ شروع ہوتی ہے ۔ چونکہ اکثر اشعار فلسطین میں لکھے گئے ہیں اس لیے اقبال نے حجاز کے مختلف مناظرِ فطرت کا نقشہ کھینچا ہے ۔ ان ہی مناظرِ فطرت میں انھیں ایک بار حسنِ ازل کے نور کا احساس ہوا تھا اور ان کے ذہن میں یہ ندائے غیبی آئی تھی کہ عشقِ الٰہی میں مبتلا اہلِ فراق کے لیے یہی مقامِ عیش ہے ۔ دوسرے بند میں اقبال نے اس کیفیت کا بیان کیا ہے جو حسنِ ازل کے فراق میں ان پر گزر رہی ہے ۔ محمود غزنوی کی شخصیت میں انھیں عشق کی کارفرمائی نظر آتی ہے ۔ حسینؓ کی سیرت میں انھیں عشق کا پرتو دکھائی دیتا ہے اور وہ اپنی اس تمنا کا اظہار کرتے ہیں کہ کاش کوئی غزنوی اور کوئی حسینؓ دوبارہ پیدا ہو سکے ۔ لیکن انھیں افسوس ہوتا ہے کہ مسلمانوں میں عشق کے جذبے سے معمور ایسی کوئی شخصیت نہیں ۔ حالانکہ عشق کا مقام اس قدر بلند ہے کہ وہ صدقِ ابراہیمؑ بھی ہے اور صبرِ حسین بھی اور جنگِ بدر و حنین کا رہبر و فاتح بھی ۔ بہرحال تیسرے بند میں وہ عشق کے جذبے سے سرشار ایسے لوگوں کی کیفیت بیان کرتے ہیں جو حسنِ ازل کی تلاش میں سرگرداں رہے ۔ خود اقبال بھی انھی اہلِ فراق میں ہیں اور خدا سے دعا کرتے ہیں کہ ان کی لذتِ طلب میں کبھی کمی نہ واقع ہو ۔ اس کے بعد چوتھے بند میں وہ براہِ راست سرچشمۂ عشق یعنی خدا کی تعریف میں مشغول ہو جاتے ہیں اور اسے دنیا کی

ساری انفرادی و اجتماعی سرگرمیوں کا محور و مرکز قرار دیتے ہوئے واضح کر دیتے ہیں کہ اسی کا عشق عبادتوں کو قبولیت کا درجہ عطا کرتا ہے۔ آخری بند میں اقبال نے پہلے بندی کی طرف اشارہ کیا ہے ؎

عین وصال میں مجھے حوصلۂ نظر نہ تھا

یعنی ارضِ فلسطین پر ایک بار حسنِ ازل کا جلوہ سامنے آیا تھا مگر اس وقت تک عقل اور عشق کا فرق ان کی سمجھ میں نہیں آسکا تھا۔ اب وہ حسنِ ازل کے عشق میں گرفتار اسی کی تلاش میں مستقل محوِ سفر ہیں اور انھیں یہ احساس ہو رہا ہے کہ یہی لذتِ طلب زندگی کا مقصد ہے۔ جس طرح موج اور قطرے کی آب و فراق کی ہے اسی طرح آرزو کے لیے بھی جدائی ہی زندگی ہے۔ اسی سے دنیا کی ساری چہل پہل ہے۔ اس لیے اقبال اپنی موجودہ حالت سے مطمئن اور رشاداں ہیں۔ البتہ ان کی خواہش ہے کہ حسنِ ازل ایک بار پھر پردۂ وجود سے باہر آئے تاکہ دنیا کی تاریکی کچھ کم ہو سکے۔

تبصرہ :

ذوق و شوق اقبال کی ان کامیاب نظموں میں ایک ہے جن میں نہایت فنکارانہ انداز میں اس کے مخصوص نظریات اور خیالات کا اظہار ہوا ہے۔ نظم کی ابتدا میں استعارات اور تشبیہات کی ایک دنیا آباد ہے اور ایسا محسوس ہوتا ہے کہ اقبال نے فلسطین کے مناظر کو الفاظ کی شکل دینے میں کسی بھی تصنع یا تکلف سے کام نہیں لیا ہے۔ اس کے باوجود اس منظر میں اتنی دل کشی ہے کہ کلیم الدین احمد جیسے ناقد بھی اسے حسین شاعری کا نمونہ کہتے ہیں۔ چشمۂ آفتاب سے نوری ندیاں رواں، دل کے لیے ہزار سود ایک نگاہ کا زیاں اور آگ بجھی ہوئی ادھر ٹوٹی ہوئی طناب ادھر، ایسے ٹکرے ہیں جن کو پڑھ کر ایک پوری کیفیت نگاہوں کے سامنے آجاتی ہے۔ دوسرے بند میں کئی خوبصورت تلمیحات پیش کی گئی ہیں۔ خاص طور پر آخری شعر اس اعتبار سے ایک یادگار ہے کہ ایک ہی شعر میں اقبال نے چار مشہور واقعات کی طرف اشارہ کیا ہے اور چاروں کو عشق کے دھاگے

سے مربوط کر دیا ہے۔ تیسرا بند بھی شاعرانہ حسن کا نمونہ ہے۔ حمد کے اس شعر کی مثال ملنی مشکل ہے کہ:

آیۂ کائنات کا معنیٔ دیر یاب تو

نکلے تری تلاش میں قافلہ ہائے رنگ و بو

ٹیپ کا شعر دراصل ''زبورِ عجم'' کی ایک غزل کا مطلع ہے جو اقبال نے بڑی برجستگی کے ساتھ استعمال کیا ہے۔ چوتھے بند میں عشقِ الٰہی کی عظمت مثالوں سے ظاہر کی گئی ہے۔ اس تیسرے اور چوتھے بند کے بارے میں بعض لوگوں نے یہ بھی لکھ دیا ہے کہ یہ بند رسولؐ کی شان میں لکھے گئے ہیں لیکن قیام، سجود، نماز امام وغیرہ کے الفاظ صاف ظاہر کر رہے ہیں کہ اشارہ خدا کی طرف ہے۔

چوتھے بند کے آخری شعر میں (PARADOX) کی بہترین مثال ملتی ہے۔ آفتاب کی گردش سے زمانہ تیرہ و تار ہے اس لیے اب حسنِ ازل کو ایک بار پھر جلوہ نمائی کی ضرورت ہے۔

آخری بند گویا اقبال کے تصورِ عشق کی تفسیر ہے۔ اس میں بھی بعض خوبصورت مصرعے ملتے ہیں۔ مثلاً ع

عشق تمام مصطفیٰؐ ، عقل تمام بو لہب

اور

وصل میں مرگِ آرزو ! ہجر میں لذتِ طلب

مجموعی طور پر تمام بند ایک دوسرے سے پوری طرح مربوط ہیں۔ وہی حسنِ ازل جو پردۂ وجود چاک کر کے پہلے بند میں سامنے آیا تھا اور جس کے عشق میں شاعر مبتلا ہوا تھا۔ نظم کے مختلف بندوں میں موجود ہے۔ پوری نظم فراق کی کیفیت سے سرشار ہے اور آخر کار اس نوٹ پر ختم ہو جاتی ہے کہ فراق ہی میں لطفِ زندگی ہے چونکہ یہی تمام سرگرمیوں کا سرچشمہ ہے۔ اقبال نے اس نظم میں فکر اور فن کو بڑی خوبصورتی کے ساتھ ایک دوسرے سے ہم آہنگ کر دیا ہے۔

مُلّا اور بہشت

مفہوم :

اقبال نے اس نظم میں اپنے زورِ تخیل سے اس وقت کی منظر کشی کی ہے جب خداوند تعالیٰ نے ملّا کو جنت میں لے جانے کا حکم دیا۔ اقبال کا کہنا ہے کہ اللہ کا فیصلہ سن کر وہ زبان کھولنے سے باز نہ رہ سکے۔ انھوں نے نہایت مؤدّبانہ انداز میں پہلے تو خدا سے قطع کلام کے لیے معافی چاہی اور پھر صاف طور پر یہ کہہ دیا کہ اپنی مخصوص تکرار پسند طبیعت کے سبب ملّا کو جنت میں کبھی آرام نہیں مل سکے گا۔ جنت امن و سکون کا گہوارہ ہے۔ وہاں لوگ مل جل کر رہیں گے اور یہ ملّا جو کہ زندگی بھر بحث و تکرار کا عادی رہا ہے اور مناظرہ جس کی فطرت میں داخل ہو چکا ہے وہاں بھی نہ کوئی مباحثہ چھیڑ دے گا۔ جنت میں تو مذہب کا کوئی جھگڑا ہو گا نہیں کیونکہ وہاں تو سب اللہ کے پیارے اور اس کی محبت سے سرشار بندے ہوں گے۔ ایسی صورت میں ملّا کا دل وہاں نہیں لگے گا۔

''قال و اقول'' عربی زبان کے الفاظ ہیں۔ قال کے معنی ہیں ''اس نے کہا'' اور اقول کے معنی ہیں میں نے کہا۔ منطق اور فلسفہ کی کتابوں میں چونکہ بحث کے طور پر کوئی بیان پیش کرنے کے بعد ہی کسی فیصلہ تک پہنچا جاتا ہے۔ اس لیے پہلے ''قال'' کے تحت کسی دوسرے کی عبارت لکھتے ہیں۔ پھر اقول لکھ کر اس کی تنقید و تشریح کرتے ہیں۔ ویسے علم منطق میں ایک ابتدائی کتاب کا نام بھی ''قال و اقول'' ہے۔

"کلیسا"عیسائیوں کی عبادت گاہ ہے اور کنشت یہودیوں کی عبادت گاہ کو کہتے ہیں۔

فنی جائزہ:

اقبال کی یہ مختصر سی نظم دورِ حاضر کے ان کم علم مولویوں پر گہرا طنز ہے جو عرفِ عام میں "ملّا" کہے جاتے ہیں۔ لفظ ملّا اس حقیقت کی روشن ترین مثال ہے کہ بدلتے ہوئے حالات میں نہ صرف الفاظ کے معنیٰ بدلتے ہیں بلکہ ان کی قدرو قیمت اور اہمیت بھی گھٹتی اور بڑھتی رہتی ہے۔ جب اسلامی سلطنت اپنی تاریخ کے بہترین دور سے گزر رہی تھی تو "ملّا" کا لفظ بلند پایہ علماے دین کے لیے استعمال ہوتا تھا لیکن جب مسلمانوں کے برے دن آئے تو کم از کم ہندوستان کی حد تک یہ لفظ بہت حد تک اپنی اہمیت کھو بیٹھا۔ جب بقول اقبال خودِ قوم کی یہ حالت ہوگئی کہ   ع

رہ گئی رسم اذاں روح بلالی نہ رہی

تو علماے دین کی حالت بھی خالی برتن کی طرح ہوگئی۔ ان کے دلوں میں خدا کی محبت باقی رہی نہ ان کے ذہنوں میں علم و آگہی کی روشنی۔ بغیر اسلام اور نماز کی روح سے آشنا ہوئے، پانچ وقت سجدوں میں سر جھکانے والے "ملّا" کہلانے لگے۔ اس طرح ملّا عزت و احترام اور مذہبی تقدس کے بجاے تحقیر، کم علمی اور جہالت کا نشان بن گئے۔ اسی قسم کے ملّاؤں پر، جن سے اسلام کو فائدے کی جگہ نقصان پہنچنے کا زیادہ احتمال تھا اقبال نے پیشِ نظر نظم میں طنز کیا ہے۔

نظم کا مرکزی خیال یہ ہے کہ دورِ حاضر میں جو لوگ عالم دین کہے جاتے ہیں وہ اپنی جہالت اور کم علمی کے سبب اسلام کی روح سے واقف نہیں ہوتے اس لیے فروعی اور ضمنی مسائل میں الجھے رہتے ہیں۔ اس بحث و تکرار سے ان کا بھی نقصان ہوتا ہے اور قوم کا بھی۔ ایسے لوگ ہرگز اسلام کے صحیح نمائندے نہیں ہیں۔ چونکہ ان میں اسلامی اسپرٹ کا فقدان ہے۔ یہ صرف ارکانِ اسلام کے ظاہری طریقوں سے واقف ہیں اور بیکار باتوں میں اپنی صلاحیت اور وقت ضائع کرتے ہیں۔

اقبال کی یہ نظم اپنے پرلطف اور طنزیہ انداز بیان کے سبب خاصے کی چیز ہے۔ براہِ

راست انداز بیان اختیار کرنے سے شاید اس نصیحت کا خاطر خواہ اثر نہ ہوتا اس لیے اقبال نے بجا طور پر ایک بالواسطہ انداز اختیار کیا ہے ۔اقبال کے عہد میں جاہل اور کم علم علما سے دین کی ذہنیت سے قوم کو جس طرح اور جس قدر نقصان پہنچ رہا تھا اس کا آج کل اندازہ لگا نا ممکن نہیں ہے ۔اقبال اس حقیقت سے آگاہ تھے کہ ۔

آئین نو سے ڈرنا، طرزِ کہن پہ اڑنا

منزل یہی کٹھن ہے قوموں کی زندگی میں

اسلامی تعلیمات کی بنیادی شرطوں، اس کی روح کو نظر میں رکھتے ہوئے نئے حالات کا مقابلہ کرنے کے لیے اٹھایا گیا کوئی بھی نیا قدم اقبال کی نظر میں پسندیدہ تھا۔خود اسلام نے بھی ''جہانِ دیگر'' کی تلاش کو حرام نہیں قرار دیا ہے ۔لیکن یہ خود ساختہ مولوی جو اسلام کی روح سے ناواقف تھے لکیر کے فقیر بنے ہوئے تھے اور محض اس نکتے پر بحث و تکرار میں مشغول تھے کہ احکامِ شریعت کی ادائیگی کا کون سا طریقہ سب سے مستند ہے جس کے ذریعہ جنت کا حصول یقینی ہو جا سکتا ہے ۔آپس میں مناظرے اور مباحثے ہوا کرتے تھے اور مولویانہ ذہنیت ہر نئی چیز کو حرام قرار دیتی خواہ وہ کتنی ہی مفید کیوں نہ ہو۔اقبال نے پیشِ نظر نظم میں اس غلط ذہنی روش کی طرف اشارہ کیا ہے ۔دراصل ذوقِ عمل سے محروم نام نہاد مولوی ہمیشہ اقبال کی نظروں میں ناپسندیدہ رہے ہیں کیونکہ اقبال کبھی ظاہر پرست نہیں رہے ۔

نظم کا پہلا شعر پوری نظم کو ایک ڈرامائی اور پرلطف کیفیت عطا کرتا ہے ۔ یہاں فن مقصد کے لیے حجاب بن گیا ہے اور نظم ایک وحدتِ تاثر کے ساتھ اختتام تک پہنچتی ہے ۔''خضرِ راہ'' اور اسی قبیل کی دوسری نظموں کی طرح یہاں بھی اقبال نے ایک ایسے عالم کو ہمارے سامنے پیش کیا ہے جہاں تک ان کی رسائی صرف زورِ تخیل کے سہارے ہوئی ہے ۔

☆☆☆

<h1 style="text-align:center">دین و سیاست</h1>

مفہوم:

پہلے شعر میں اقبال نے یہ بتایا ہے کہ عیسائیت کی بنیاد ہی رہبانیت یعنی ترکِ دنیا پر ہے۔ اس لیے ''میری'' یعنی حکومت یا سلطنت کا اس کے ساتھ اتحاد و اتفاق ناممکن تھا کیونکہ سیاست کی تو بنیاد ہی دنیا داری پر ہے۔ ''کلیسا'' عیسائیوں کی مذہبی عبادت گاہ کو کہتے ہیں لیکن یہاں پر یہ لفظ عیسائی مذہب کے لیے استعمال کیا گیا ہے۔

دوسرے شعر میں اقبال کہتے ہیں کہ راہبی اور بادشاہت میں دشمنی اور اختلاف ایک لازمی شے ہے کیونکہ دونوں ایک دوسرے کی ضد ہیں۔ ایک سراسر عاجزی، مسکینی اور سپردگی کا نام ہے جب کہ دوسری شان و شوکت، حکومت اور سربلندی سے عبارت ہے۔ یعنی اگر دین کو راہبی کے برابر قرار دے دیا جائے تو پھر سیاست (حکومت) اور دین میں اختلاف ہونا لازمی ہے۔

تیسرے شعر میں اقبال کہتے ہیں کہ پیرانِ کلیسا یعنی عیسائیت کے مذہبی پیشواؤں نے مذہب اور حکومت کو متحد رکھنے کی بہت کوشش کی مگر ان کی کوششیں کام نہ آئیں اور آخر کار حکومت نے مذہب کی بالا دستی سے اپنے آپ کو آزاد کرا لیا۔

جب مذہب اور حکومت میں اختلاف ہو گیا اور دونوں کا دائرہ کار الگ الگ ہو گیا تو

پھر حکومت کرنے والے، خدا اور اس کے احکام سے بالکل بے نیاز ہو کر صرف اپنی نفسانی خواہشات کے غلام ہو گئے اور حکومت ہوس پرستی کا دوسرا نام ہو گیا۔

اقبال کا خیال ہے کہ مذہب اور حکومت میں یہ اختلاف اور ''دوئی'' دونوں ہی کے لیے نقصان دہ ہے۔ نئی تہذیب کے شیدا اس حقیقت کو دیکھنے سے قاصر ہیں کہ دین اور سیاست کی یہ تفریق کس قدر مضرّت رساں ہے۔

اسلام جو دین فطرت ہے، اس لیے اسلام میں دین اور سیاست میں کوئی تفریق نہیں ہے۔ ہم رسول پاکؐ کی شخصیت میں بشیری اور نذیری یعنی دین اور سیاست دونوں کا اعلا نمونہ دیکھ سکتے ہیں۔ یہ انھیں کا کرشمہ ہے کہ انھوں نے دین داری میں دنیا داری کی اور حکمرانی میں دین داری کی بہترین خصوصیات جمع کر کے ایک مثال قائم کر دی۔ ''صحرا نشیں'' سے رسولؐ کی طرف اشارہ ہے۔

آخری شعر میں اقبال دین اور سیاست یعنی مذہب اور حکومت کے رشتے پر روشنی ڈالتے ہوئے خلاصہؑ کلام کے طور پر یہ نکتہ پیش کرتے ہیں کہ بنی نوع انسان کی فلاح و بہبود، ترقی، حفاظت اور خوش حالی کے لیے یہ ضروری ہے کہ دین دار اور دنیا دار، اہلِ دین اور اربابِ حکومت ایک ہو جائیں۔ یعنی جو لوگ دنیوی کاروبار چلائیں اور جن کے ہاتھ میں اقتدار ہو وہ دین کے بھی سچے پیرو ہوں۔ یہاں ''جنیدی'' سے اشارہ ہے حضرت جنید بغدادیؒ کی طرف جو ایک مشہور بزرگ اور عالمِ دین گزرے ہیں۔ ''اردشیری'' سے مشہور ایرانی بادشاہ اردشیر کی طرف اشارہ ہے۔ جنیدی اور اردشیری کہہ کر دین اور حکومت کی طرف اشارہ کیا گیا ہے۔

فنی جائزہ :

اسلامی نظامِ حیات میں حکومت اور مذہب کے درمیان کسی تفریق کی گنجایش نہیں ہے۔ یہاں دین اور سیاست دو چیزیں نہیں ہیں بلکہ ایک دوسرے سے ہم آہنگ ہیں۔ اس لیے یہاں مذہبی پیشوا امورِ سیاست بھی انجام دیتا ہے اور بادشاہ وقت مذہبی معاملات میں بھی

ماہر ہوتا ہے۔ اسلام کے ابتدائی دور میں ان اسلامی تعلیمات کا عملی نمونہ خود محمدؐ اور ان کے بعد صحابہ کرامؓ کی ذات میں دکھائی دیتا ہے جو بیک وقت روحانی پیشوا بھی ہیں اور حکومت کے سربراہ بھی۔ اسلام کی اس تعلیم کے برعکس عیسائی مذہب میں دین اور سیاست الگ الگ چیزیں ہیں کیونکہ وہاں مذہب نام ہے ترکِ دنیا اور رہبانیت کا۔ اقبال نے پیشِ نظر نظم میں اسی فرق کی نشاندہی کرتے ہوئے اس کے اسباب و عوامل پر روشنی ڈالی ہے۔ ظاہر ہے کہ اسلام ایک مکمل نظامِ حیات ہے اور یہی اقبال کے تصورات کا محور و مرکز ہے اس لیے اقبال نے فطری طور پر دین و سیاست کے باہمی رشتے پر زور دیا ہے۔

مرکزی خیال :

نظم کا مرکزی خیال یہی ہے کہ مذہب اور حکومت کی جدائی بہت سارے فتنوں کو جنم دیتی ہے اور یہ دونوں ہی کے لیے نقصان دہ بھی ہے۔ یہ نئی تہذیب کی کور چشمی ہے کہ مذہب کو حکومت کے معاملات سے الگ رکھ کر اپنی بربادی کا سامان فراہم کیا جا رہا ہے۔ حقیقت یہ ہے کہ انسانیت کی حفاظت اور اس کے ارتقاء کے لیے دین و سیاست یعنی مذہب اور حکومت میں اشتراک ضروری ہے۔ یوں کہیے کہ جو حکومت مذہب سے بے نیاز ہو جاتی ہے وہ ظالم و جابر اور فاسق و فاجر بن جاتی ہے   ؏

جدا ہو دیں سیاست سے تو رہ جاتی ہے چنگیزی

تلخیص :

اقبال نے مثالوں کی روشنی میں یہ بتایا ہے کہ دین اور سیاست کے طریقے جب الگ الگ ہو جاتے ہیں تو ان میں لازمی طور پر تفریق پیدا ہو جاتی ہے، جو ملک و دین دونوں کے لیے مضرت رساں ہے۔ وہ عیسائیت کی مثال دیتے ہیں جہاں رہبانیت یعنی ترکِ دنیا کو رفتہ رفتہ مذہب کا ایک حصہ بنا دیا گیا۔ حالانکہ عیسیٰ مسیح نے اپنی امت کو یہ تعلیم نہیں دی تھی لیکن انھوں نے جب اس طریقے کو مذہب کا ایک حصہ بنا دیا تو ارباب حکومت اور سیاست مذہب

کے دائرے سے باہر نکلنے کی کوشش کرنے لگے چونکہ انھیں تو دنیا کے معاملات کو ہی حاصل کرنا تھا اور مذہب ترکِ دنیا کی تعلیم دے رہا تھا۔ میکاؤلی نے پہلی بار ایک باضابطہ تحریک کی شکل میں حکومت کو مذہب کی گرفت سے آزاد کرانے کی کوشش کی اور گرچہ عیسائی پادریوں اور پوپ نے اس کے پیش کردہ نظریات کی بہت مخالفت کی لیکن آخر کار عیسائی حکومتیں مذہب کے اثر سے بکل گئیں۔ اس طرح دونوں کا نقصان ہوا۔ مذہب پر عمل کرنے والے عملی دنیوی زندگی سے کٹ کر رہ گئے اور حکومت کے لوگ مذہبی اصولوں سے بیگانہ ہو کر صرف مال و دولت کی ہوس میں مبتلا ہو گئے۔ ظاہر ہے کہ یہ نظریہ دین اور سیاست کے درمیان ایک لازمی ٹکراؤ کا سبب ہے جس کا واحد علاج اسلام کا پیش کردہ نظامِ زندگی ہے۔

آج سے چودہ سو سال قبل عرب کے صحراؤں سے رسولؐ نے جو پیغام دیا تھا وہی آج بھی سب سے بہتر اور سب سے مکمل نظام زندگی ہے۔ انھوں نے بتایا تھا کہ دنیا میں رہ کر دنیا سے بچنا، یہی انسانیت کی معراج ہے۔ ایسا نہیں ہے کہ یہ صرف ایک نظریہ تھا۔ اس کے عملی نمونے خود رسولؐ کی ذات کے علاوہ بیشتر صحابہ کرام اور خلفائے راشدین کی ذات میں دکھائی دیے جنھوں نے حکومت کے امور بھی کامیابی کے ساتھ انجام دیے اور دین کا حق بھی ادا کیا۔ حضرتِ جنید اور اردشیر کو اقبال حسبِ ترتیب دین اور سیاست کی علامت کے طور پر پیش کرتے ہیں اور ان دونوں کی یکجائی کو بنی نوع انسان کی ترقی و خوش حالی کی ضمانت سمجھتے ہیں۔

تبصرہ :

اقبال کی یہ مختصر سی نظم بلاغت کا عمدہ نمونہ ہے۔ نظم کے مختصر سے پیمانے میں اقبال نے نہ صرف اسلامی نظامِ حیات کا ایک نقشہ کھینچ دیا ہے بلکہ مسیحیت کے ساتھ اس کے امتیاز کی بھی نشاندہی کر دی ہے۔ اسلام میں حکومت کا مذہب سے الگ کوئی تصور نہیں کیونکہ بادشاہِ وقت کو احکامِ شریعت کا پابند ہونا لازمی ہے۔ اس کے برخلاف عیسائیت میں چوں کہ مذہب کو صراطِ مستقیم سے ہٹا دیا گیا ہے اس لیے حکومت اور مذہب الگ الگ راہوں پر گامزن ہیں۔ اقبال

نے حکومت کے اسلامی تصور پر اصرار کیا ہے ۔ نظم میں دل نشیں تشبیہات و استعارات کے ساتھ ساتھ بعض تلمیحات کا بھی خوبصورتی سے استعمال کیا گیا ہے ۔

نظم ارتقا کے مختلف مرحلوں سے کامیابی کے ساتھ گزرتی ہوئی اپنے نقطہ عروج تک پہنچ کر اقبال کے اس پیغام پر ختم ہو جاتی ہے ۔ جو پوری نظم کا نچوڑ ہے ۔

اسی میں حفاظت ہے انسانیت کی

کہ ہوں ایک جُنّیدی و اردشیری

اقبال کی مختصر نظموں میں ''دین و سیاست'' ایک اہم اور پر تاثیر نظم ہے جس میں گرچہ سامنے کی حقیقتوں کا اظہار ہوا ہے مگر بڑے دلکش انداز میں اور یہی نظم کی کامیابی کا راز بھی ہے ۔

ساقی نامہ

مفہوم : پہلا بند :

یہ بند منظر نگاری اور دعا پر مشتمل ہے ۔ بہار کے کارواں نے اپنا خیمہ زمین پر نصب کر دیا یعنی بہار آگئی ۔ گلاب ، نرگس ، سوسن ، نسترن اور لالہ کے پھولوں سے پہاڑ کا دامن ایسا سجا کہ باغِ ارم بن گیا ۔ ارمِ یمن کے قریب ایک شہر تھا جہاں شدّاد نے اپنی جنت بنوائی تھی ۔ اسی کی نسبت سے ''باغِ ارم'' کا ذکر ادبیات میں ہوتا آیا ہے ۔ رفتہ رفتہ کثرت استعمال سے صرف ''ارم'' رہ گیا ہے ۔

پوری دنیا رنگ کی لہروں میں چھپ گئی اور نیلی نیلی فضا میں مستی سی بھر گئی ۔ ایسی سرور کیف میں ڈوبی ہوئی ہوائیں چلیں کہ پہاڑوں کے دل میں بھی جذبات بیدار ہونے لگے اور پرندے بے خود ہو کر اپنے آشیانوں سے باہر نکل آئے ۔

پہاڑی ندی میں بھی جوش کی کیفیت پیدا ہوگئی ۔ وہ اچکتی ، اٹکتی ، پھلکتی اور بل کھاتی ہوئی ، کبھی تیزی سے اچھلتی ہوئی اور کبھی آہستہ روی سے بہنے لگی ۔ اس ندی میں حرکت کی مستقل کیفیت پائی جاتی ہے ۔ یہ اپنی راہ میں آنے والی ہر رکاوٹ کو دور کر کے بہتی رہتی ہے ۔ یہ پہاڑوں کا جگر چیر کر بھی اپنا سفر جاری رکھتی ہے ۔

اے میرے ساقی ازل یعنی خدائے کائنات اس ندی کی روانی میں زندگی کا پیغام

پوشیدہ ہے ۔ یہ بہار کا موسم ہمیشہ رہنے والا نہیں ہے ۔ میرے دل کو بھی اسی جذبے سے بھر دے ،
مجھے بھی معرفت کی شراب پلا ۔ تاکہ میری آنکھ اور حقیقت کے درمیان جو پردے ہیں انھیں
اٹھا سکوں ۔ (یہاں ساقی کی مناسبت سے شراب کا تذکرہ ہے ۔ اس سے مراد خدا کی محبت ہے)
اگر مجھے تیری محبت کی یہ شراب نصیب ہو جائے تو میں کائنات کے اسرار و رموز سے واقف ہو سکتا
ہوں اور مجھ میں اتنی قوت پیدا ہو سکتی ہے کہ میں مولے (ایک چھوٹا پرندہ) کی طرح کمزور ہوتے
ہوئے بھی شہباز (یہاں شہباز کو قوت کے لیے استعارے کے طور پر استعمال کے گیا ہے) سے
پنجہ لڑا سکتا ہوں ۔

دوسرا بند : اس بند کے دو حصے ہیں ۔ ابتدا میں حالاتِ حاضرہ پر تبصرہ ہے پھر مسلمانوں
پر ۔ اقبال کہتے ہیں کہ زمانہ ایک نئی کروٹ لے چکا ہے ۔ ہر جگہ انقلاب کی آمد آمد ہے ۔ فرنگیوں
کا راز اس طرح ظاہر ہوا ہے کہ وہ خود حیران ہیں ۔ (فرنگیوں کے راز کا مطلب سرمایہ دارانہ نظام
ہے) سرمایہ دارانہ نظام سے لوگ نفرت کرنے لگے ہیں اور بادشاہوں اور امیروں سے بیزار
ہو چکے ہیں ۔ سرمایہ دار ایک مداری کی طرح مختلف ملکوں کے لوگوں کو اپنے اشاروں پر نچار ہے
تھے مگر اب ان کی قلعی کھل چکی ہے ۔ تماشہ ختم ہو چکا اور وہ واپس جا چکے ہیں ۔ چین کے لوگ جو
صدیوں سے افیم خوری کی عادت میں گرفتار غلامی کی زندگی گزار رہے تھے اب اپنی آزادی کے
لیے لڑ رہے ہیں ۔ ہندوستان کے لوگ (یہاں ہمالہ کنایہ کے طور پر استعمال ہوا ہے) بھی
آزادی کے لیے برسرِ پیکار ہیں ۔ عرب قوم میں بھی فلسطین، شام اور دوسرے مقامات پر خوابِ
غفلت سے بیدار ہو کر کسی تائیدِ غیبی کے انتظار میں ہیں، لیکن افسوس کہ مسلمان ابھی تک غیر اسلامی
عقائد کو صرف باپ دادا کی روایت سمجھ کر گلے سے لگائے ہوئے ہیں ۔ گرچہ وہ زبان سے توحید کا
اقرار کرتے ہیں مگر تمدن، تصوف، شریعت اور کلام میں اہلِ عجم کی تقلید کرتے ہیں (زنار اس جنیو
یعنی دھاگے کو کہتے ہیں جو ہندو حضرات گلے میں ڈالے رہتے ہیں ۔ یہاں زنار پوش سے مراد
ایسے لوگ ہیں جو دوسرے مذہب والوں کی کافرانہ رسموں پر عمل کرتے ہیں) تمدن، تصوف،
شریعت اور کلام کے الگ الگ معنی ہیں ۔ اس کی تفصیل تو بہت ہے مگر مختصراً یوں سمجھئے کہ

مسلمان اپنی اجتماعی زندگی میں ہندوؤں کی طرح رسم و رواج کے غلام ہو گئے ہیں۔ تزکیۂ نفس کے لیے عیسائیوں کی طرح رہبانیت اختیار کر لی ہے اور شریعت کے احکام میں اپنی طرف سے غلط باتیں شامل کر دی ہیں اور اسلام کی حقیقت نیز خدا کی وحدت و عظمت واضح کرنے کے لیے انھوں نے غیر متعلق عقلی دلائل پیش کرنے میں اپنا وقت ضائع کرنا شروع کر دیا ہے۔ ان ہی نکات کی طرف یہاں اشارہ ہے۔ علما کی تقریریں ویسے تو بہت بلند آہنگ ہوتی ہیں مگر ان کے دل لذتِ عشقِ الٰہی سے خالی ہیں۔ آخر میں اقبال ان ساری برائیوں کا سبب عشقِ الٰہی کی کمی اور خرافات کی فراوانی بتاتے ہیں۔ مسلمانوں کے دل میں جب جذبۂ عشق باقی نہیں تو ان کی حیثیت راکھ کے ڈھیر جیسی ہے۔

تیسرا بند: اقبال اللہ سے دعا گو ہیں کہ ان میں اسلاف کی خوبیاں پیدا ہو جائیں (شرابِ کہن سے مراد وہ خوبیاں ہیں جو صحابۂ کرام اور بزرگانِ دین میں موجود تھیں) اور عشقِ الٰہی کا جذبہ ان کے دل میں قوی تر ہو جائے تا کہ وہ بھی حضرت علیؑ مرتضیٰ اور ابو بکر صدیق رضی اللہ عنہ کے راستے پر گامزن ہو سکیں۔ وہ دعا کرتے ہیں کہ قوم کے نوجوانوں میں بھی وہی تڑپ، وہی سوز اور وہی آرزو پیدا ہو جائے جو قوم کی کشتی کو گرداب سے نکال کر ساحل تک پہنچا دے۔ اے خدا مجھ پر اس کائنات کے راز کو ظاہر کر دے۔ حیات و موت کے اسرار سے مجھے آگاہ کر دے۔ میری آنکھوں میں جو بے خوابی ہے، میرے دل میں جو بے تابی ہے، میری رات کے نالوں میں جو نیاز اور انکسار ہے، میرے دل میں جو سوز و گداز ہے، میری جو تمنا، آرزو اور جستجو ہے اس سے میری قوم کے نوجوانوں کو بھی آشنا کر دے۔ اے میرے خدا! میں تو فقیر ہوں اور یہی چیزیں میرا سرمایۂ حیات ہیں جن کے سبب میں امیر ہوں۔ میں دعا گو ہوں کہ میری یہ دولت میرے قافلہ والوں میں عام ہو جائے تا کہ وہ اس کا مصرف لے سکیں۔

چوتھا بند: اس بند میں زندگی کی ماہیت پر غور کیا گیا ہے۔ اقبال کہتے ہیں کہ زندگی ہر لمحہ حرکت کا نام ہے کیونکہ ہر شے میں ارتقا کا عمل جاری ہے۔ کائنات ابھی مکمل نہیں ہوئی ہے۔ جس طرح شعلے میں دھواں چھپا ہوتا ہے اسی طرح زندگی ہی جسم کے نمود کا سبب ہے۔ (یہاں زندگی

اور زمانہ کو ایک دوسرے کا مترادف قرار دیا گیا ہے) اور زندگی بمعنی، روح استعمال کیا گیا ہے ۔ زندگی ویسے تو مٹی اور پانی کی قید میں رہنا پسند نہیں کرتی مگر اس کے ارتقا کے لیے جسم ضروری ہے اور جسم مٹی اور پانی سے بنا ہے، اس لیے وہ جسم کو اختیار کر لیتی ہے ۔ اس طرح ایک طرف تو جسم میں رہنے کے سبب زندگی ثابت اور ٹھہری ہوئی ہے اور دوسری طرف ارتقا پذیر بھی ہے ۔ زندگی کے مظاہر بے شمار ہیں ۔ یہ ایک ’’وحدت‘‘ ہے مگر اس کے جلوے بے شمار ہیں ۔ یہ دنیا جس کو ہم سومنات کے مندر سے تشبیہ دے سکتے ہیں (چونکہ اس میں خواہشات کے ہزاروں بت لوگوں نے بنا رکھے ہیں) اس کی تغیر پسند طبیعت کا نمونہ ہے ۔ زندگی کی صفت یہ ہے کہ یہاں ہر شخص انفرادی حیثیت رکھتا ہے اور ایک کی خصوصیات دوسرے میں نہیں ملتیں ۔ ویسے تو زندگی مختلف شکلوں میں جلوہ نما ہے ۔ اس کے جلوے بجلی، تارے، پارے، چاندی، سونے، پھول اور کانٹے سبھی میں نظر آتے ہیں مگر اس کی حقیقت کو سمجھنا آسان نہیں ہے ۔

پانچواں بند : زندگی حرکت کا نام ہے ۔ سکون اور ثبات نظر کا دھوکا ہے ۔ کائنات کا ہر ذرہ ارتقا کے لیے تڑپ رہا ہے ۔ زندگی کوئی راز نہیں ہے ۔ زندگی تو پرواز کے شوق کا نام ہے ۔ زندگی کا کارواں کہیں رکتا نہیں ہے ۔ اس کے راستے میں ہزاروں نشیب و فراز آئے ہیں مگر وہ بڑھتا ہی رہا ہے کیونکہ اسے منزل سے زیادہ سفر میں مزہ ملتا ہے ۔ زندگی کا وجود سفر ہی کے دم سے ہے اور سکون کا تصور اس کے لیے محض ایک دھوکا ہے ۔ زندگی الجھ کر سلجھتی ہے، لڑ کر ہی سکون پاتی ہے ۔ زندگی ابتدا میں موت کے ہاتھوں کا کھلونا تھی مگر اپنی پوشیدہ قوت کے سبب اس نے ارتقا کی منزلیں طے کرتے ہوئے موت کا مقابلہ کیا اور آخرکار موجودہ صورت تک پہنچی ۔ جو لوگ بے وقوف اور کم علم ہیں وہ زندگی کی وقتی شکست کو موت سمجھتے ہیں مگر جس شاخ سے ایک پھول ٹوٹ کر گرتا ہے ۔ اسی سے دوسرا خوبصورت پھول باہر آتا ہے ۔ یہی حال زندگی کا ہے ۔ کبھی کبھی زندگی کی ایک ادنیٰ صورت فنا ہوتی ہے تو اعلیٰ صورت ابھرتی ہے ۔ خدا نے کہا ہے کہ ہم روز و شب کو تمہارے درمیان گردش دیتے ہیں ۔ زندگی اسی گردش کا نام ہے ۔

چھٹا بند : اس بند میں خودی اور زندگی کے رشتے پر روشنی ڈالی گئی ہے ۔ اقبال کہتے

ہیں کہ یہ زندگی ایک تلوار ہے اور خودی اس تلوار کی دھار ہے ۔ خودی زندگی کی پوشیدہ قوتوں کا نام ہے ۔ خودی شعورِ انسانی کی بیداری کا نام ہے ۔ خودی جلوۂ نورِ الٰہی سے سرمست ہے اور خلوت پسند ہے ۔ اس کی جامعیت کا یہ حال ہے جیسے سمندر ایک بوند پانی میں بند ہو ۔ خودی اگر اپنے اعلا مقام پر پہنچ جائے تو اندھیرے اور اجالے کی قید اس کے لیے بے معنی ہو جاتی ہے ۔ وہ ماڈی عناصر کی قید میں رہتے ہوئے بھی آزاد رہتی ہے اور ذاتِ باری سے نیاز حاصل کر سکتی ہے ۔ خودی زمانے کے ساتھ ہم آغوش ہے اس لیے اس کی وسعت بے مثال ہے ۔ اس کی سرحدوں کا تعین ممکن نہیں ۔ اس کی قوت بے پناہ ہے ۔ بھاری سے بھاری معرکہ وہ آسانی سے سر کر سکتی ہے اور پہاڑ اس کی ایک ضرب سے ریزہ ریزہ ہو سکتے ہیں ۔ اس کی طاقت و وسعت اور عظمت کا راز مستقل سفر میں رہ کر منازلِ ارتقا سے گزرنا ہے ۔ جس طرح وسیع و عریض آسمان آنکھ کے چھوٹے سے دیدہ میں سمٹ آتا ہے اسی طرح خودی بھی اپنی ساری گہرائی اور گیرائی کے ساتھ عشقِ الٰہی سے لبریز دل میں جا گزیں ہو جاتی ہے اور وہی کیفیت ہوتی ہے کہ ؎

دل کے آئینے میں ہے تصویرِ یار

جب ذرا گردن جھکائی دیکھ لی

ساتواں بند: خودی کی پرورش و تربیت کے لیے پہلی شرط اکلِ حلال ہے ۔ جو روٹی عزت سے نہ ملے اور حرام کمائی کا نتیجہ ہو وہ خودی کے لیے زہر سے کم نہیں ۔ خودی میں کبھی سر جھکانے کی عادت نہیں ہوتی اور سوال کرنے یا غیر اللہ کے سامنے جھکنے سے خودی میں کمزوری پیدا ہوتی ہے ۔

اس لیے اگر ہم عشقِ خدا اور عشقِ رسول کا جذبہ اپنے دل میں پیدا کر لیں اور حرکت و عمل کو اپنا شیوہ بنا لیں تو یہ دنیائے آب و گل ہمارے سفر کا صرف پہلا قدم ہوگی اور ایسے ایسے ہزاروں عالم ہماری جرأت پر آشکار ہوں گے ۔ کیونکہ ؎

ستاروں سے آگے جہاں اور بھی ہیں

ابھی عشق کے امتحاں اور بھی ہیں

اس سے زیادہ قدرت کا راز کھولنا اپنے پیروں کو تجلی کے فروغ سے جلانا ہے اس لیے اب تابِ گفتار نہیں۔

فنی جائزہ :

’’ساقی نامہ‘‘ اقبال کی طویل نظموں میں اہم ترین مقام رکھتی ہے۔ بعض ناقدین مثلاً کلیم الدین احمد نے اسے اقبال کی بہترین اردو نظم قرار دیا ہے اور بعض اسے اردو زبان کی بہترین نظم کہتے ہیں۔ حقیقت یہ ہے کہ اقبال نے جو نظریۂ خیال پیش کیا ہے اس کا بھرپور اور فنکارانہ بیان ساقی نامہ سے زیادہ اقبال کی کسی اردو نظم یا غزل میں نہیں ہوا ہے۔ یہ نظم گویا اقبال کے سارے نظریات اور فلسفوں کا نچوڑ ہے۔ لیکن اس کے باوجود اس میں موسیقی اور شعریت کا ایک خوشگوار منظر ملتا ہے۔ فنکری و فنی محاسن کے لحاظ سے اقبال کی بہت کم نظمیں اس درجہ تک پہنچتی ہیں۔ کیونکہ اس فلسفے کو شعر کے قالب میں اس طرح ڈھال دیا گیا ہے کہ ہر جگہ آمد کی کیفیت نمایاں ہے۔

موضوع اور مرکزی خیال :

ساقی نامہ ایسی نظم کو کہتے ہیں جس میں شراب کا تذکرہ کر کے ایک بے خودی طاری کی جاتی ہے اور اسی بے خودی کا سہارا لے کر شاعر اپنے جذبات و احساسات کا اظہار کرتا ہے۔ یہ ایک روایتی اندازِ بیان ہے جس سے اقبال نے اپنی نظم میں کام لیا ہے۔ جس شرابِ کہن کا تذکرہ اقبال نے کیا ہے اس کی وضاحت سے قطع نظر ایک سوال یہ بھی ہے کہ اقبال کو شراب کا تذکرہ کر کے یہ عالم بے خودی طاری کرنے کی ضرورت کیوں پیش آئی۔ جواب اقبال ہی کی زبان سے سنئے

یہ دستورِ زباں بندی ہے کیسا تیری محفل میں

یہاں تو بات کرنے کو ترستی ہے زباں میری

ظاہر ہے کہ اظہارِ حقیقت پر پابندی تھی اس لیے اقبال نے ایک عالم بے خودی طاری

کرنے کی ضرورت محسوس کی ۔ غالبؔ نے کہا تھا ع

بک رہا ہوں جنوں میں کیا کیا کچھ

لیکن غالبؔ کا دوسرا مصرعہ دہرانا مناسب نہیں ۔ کیونکہ اقبال تو خاص طور پر کچھ سمجھانا ہی چاہتے ہیں ۔ زندگی اور خودی کی حقیقت اور خصوصیت کا بیان ہی مرکزی حیثیت رکھتا ہے ۔

تلخیص :

ساقی نامہ کا پہلا بند روایتی انداز کا ہے ۔ اس حصے میں قاری کے ذہن کو آئندہ دیے جانے والے پیغام کو قبول کرنے کے لیے تیار کیا گیا ہے ۔ اقبال سب سے پہلے موسم بہار کی منظر کشی کرتے ہیں ۔ اس کے بعد ساقی سے شراب طلب کرتے ہیں ۔ یہ وہ شراب نہیں جس سے سفلی جذبات بیدار ہوں بلکہ یہ شراب عرفانِ خودی اور عرفانِ ذات کی شراب ہے ۔

وہ مے جس سے روشن ضمیر حیات

وہ مے جس سے ہے مستی کائنات

دوسرے بند میں اقبال حالاتِ حاضرہ پر تبصرہ کرتے ہوئے بتاتے ہیں کہ ۔

زمانے کے انداز بدلے گئے

نیا راگ ہے ساز بدلے گئے

مغربی تہذیب و تمدن کی اجارہ داری کے دن پورے ہوئے ایک نئے انقلاب کے آثار نمایاں ہیں اور آنے والا دور مشرق کی برتری کا دور ہو گا ۔

گیا دورِ سرمایہ داری گیا

تماشہ دکھا کر مداری گیا

گراں خواب چینی سنبھلنے لگے

ہمالہ کے چشمے ابلنے لگے

مسلمانوں میں بھی کچھ انقلاب کے آثار نمایاں ہیں ۔ وہ بھی شرک و غلامی کی زندگی

ترک کرکے توحید کی طرف آرہے ہیں ۔لیکن ان میں سے بیش تر اب بھی غیر اسلامی خیالات اور عجمی روایات کے جال میں الجھے ہوئے ہیں ۔نتیجہ یہ ہے کہ ۔

بجھی عشق کی آگ اندھیر ہے

مسلماں نہیں راکھ کا ڈھیر ہے

تیسرے بند میں پھر اقبال اپنے پرانے انداز کی طرف لوٹتے ہیں اور احیاے ماضی کی آرزو کرتے ہیں ۔ماضی کے ساتھ چونکہ عظمت و بلندی کا تصور مربوط ہے ۔اس لیے وہ خدا سے دعا کرتے ہیں کہ قوم کے نوجوانوں کو عشق کے جذبے،قوتِ فکرو عمل اور یقینِ محکم کی دولت سے مالا مال کر دے تا کہ وہ پھر اپنی عظمتِ گمشدہ واپس لا سکیں ۔

چوتھے اور پانچویں بند میں زندگی کی ماہیت کا بیان ملتا ہے ۔حقیقت اور ماہیت میں فرق یہی ہے کہ جو چیز ظاہری طور پر موجود نہ ہو بلکہ محض تصور میں موجود ہو اس کی ماہیت پر غور کیا جاتا ہے ۔زندگی بھی چونکہ ظاہری آنکھوں سے دکھائی دینے والی شے نہیں ہے اس لیے اقبال نے زندگی کی مختلف خصوصیات کو مثالوں سے واضح کیا ہے ۔اقبال کا خیال ہے کہ کائنات کا سارا نظام حرکت و عمل کی بنیاد پر قائم ہے ۔سکون موت کے مترادف ہے اس لیے وہ مسلمانوں کو ویسی ہی عملی زندگی اختیار کرنے کا مشورہ دیتے ہیں جس کی وجہ سے وہ ماضی میں سرخرو ہوئے تھے ۔زمانہ اپنی ترقی کے لیے مسلمانوں کی طرف دیکھ رہا ہے اس لیے انھیں میدانِ عمل میں آنا چاہیے ۔

حرکت و عمل کی قوتیں اسی وقت ظاہر ہوں گی جب انسانی خودی بیدار ہوگی ۔اس لیے اقبال عام لوگوں کو اور خاص طور پر ملتِ اسلامیہ کو تعمیرِ خودی کا پیغام دیتے ہیں ۔یہ خودی ابلیسی خودی نہیں بلکہ یزدانی ہے ۔وہ چھٹے اور ساتویں بند میں پہلے خودی کی مختلف خصوصیات کو تشبیہات کی مدد سے سمجھاتے ہیں ۔

یہ موجِ نفس کیا ہے تلوار ہے

خودی کیا ہے، تلوار کی دھار ہے

اور۔

خودی کیا ہے راز درونِ حیات

خودی کیا ہے بیداریِ کائنات

پھر وہ عظمتِ خودی کا احساس دلاتے ہوئے تربیتِ خودی کا پیغام دیتے ہیں۔

بڑھے جا یہ کوہِ گراں توڑ کر

طلسم زمان و مکاں توڑ کر

یہ پیغام دینے کے بعد اقبال کو یہ محسوس ہوتا ہے کہ وہ جوشِ جذبات میں بہت کچھ کہہ گئے ہیں اور ان کا تخیل عالم لاہوت سے بھی آگے بڑھ گیا ہے اس لیے وہ سعدی کی زبان میں یہ کہہ کر خاموش ہو جاتے ہیں۔

اگر یک سرِ موے برتر پرم

فروغِ تجلّی بسوزد پرم

تبصرہ :

جیسا کہ میں نے ابتدا میں ہی لکھا ہے کہ ناقدینِ ادب کی نظر میں ساقی نامہ صوری و معنوی دونوں ہی اعتبار سے ایک کامیاب نظم ہے۔ اس نظم کی سب سے اہم خصوصیت میرے خیال میں فنی اعتبار سے یہ ہے کہ اس میں بے انتہا سلاست اور روانی ہے جو سہل ممتنع کی حد تک بھی پہنچ جاتی ہے۔ یہ خصوصیت اقبال کی بعض دوسری نظموں میں نہیں ملتی۔ فکری اعتبار سے اس کی انفرادیت یہ ہے کہ اس میں اقبال کے اہم ترین فلسفہ یعنی نظریہ خودی کا اردو میں تفصیلی بیان ملتا ہے۔ خیالات و نظریات کا ایک دریا ہے جو بہتا چلا جاتا ہے اور کہیں پر رکتا ہوا نہیں دکھائی دیتا۔ تمام بند ایک دوسرے سے اس قدر مربوط ہیں کہ آمد کی اعلیٰ ترین صورت یہاں پیدا ہوگئی ہے۔ بقول پروفیسر کلیم الدین احمد:

"شعروں میں تسلسل ہے اور اس کی وجہ یہ ہے کہ خیالات میں تسلسل

ہے۔ایک دریا بہہ رہا ہے اور کبھی کبھی تو ایسا ہوتا ہے کہ کئی شعر مل کر پیراگراف بن جاتے ہیں اور جب تک یہ پیراگراف پورا نہیں ہوتا بات پوری نہیں ہوتی……یہ شاعری ہے اور اچھی شاعری ہے‘‘۔

اس نظم کا کمال یہ ہے کہ اس میں مسجدِ قرطبہ کی طرح الفاظ کی شان و شوکت، طمطراق نہیں ہے۔ابلیس کی مجلسِ شوریٰ کی طرح فارسی تراکیب اور تلمیحات کے استعمال سے زورِ بیان نہیں پیدا کیا گیا ہے پھر بھی اس کی سادگی میں بھی دلکشی ہے۔حیات اور خودی کے پیچیدہ مسئلہ پر اقبال نے اس قدر سادہ زبان اور سہل اندازِ بیان میں تبصرہ کیا ہے کہ حیرت ہوتی ہے۔

ساقی نامہ میں اقبال نے بہت مختصر بحر یعنی بحرِ متقارب مثمن محذوف استعمال کی ہے اس لیے نظم میں موسیقی اور ترنم کی فراوانی ہے۔

ساقی نامہ میں جذبات کا ایسا خلوص اور تاثرات کی ایسی شدت ہے کہ اس کا ہر شعر اقبال کے خونِ جگر سے رنگین محسوس ہوتا ہے اور اس کے دل کی یہ تمنا ہر قاری کے دل کی تمنا بن جاتی ہے کہ ۔

میرے قافلے میں لٹادے اسے

لٹادے، ٹھکانے لگادے اسے

ساقی نامہ میں بلاغت کی مثالیں اس قدر کثرت سے نہیں ملتی ہیں جس قدر مسجدِ قرطبہ میں موجود ہیں مگر بعض اشعار میں بلاغت کا ایسا رنگ ہے جس کی نظیر نہیں ملتی مثلاً یہ شعر جس میں امتِ مسلمہ کے ہزار سالہ تاریخ کا نچوڑ ہے۔

تمدن، تصوف، شریعت، کلام

بیانِ عجم کے پجاری تمام

حقیقت خرافات میں کھوگئی

یہ امت روایات میں کھوگئی

ساقی نامہ کے اشعار میں روانی اور آمد کا ذکر میں نے پہلے بھی کیا ہے۔بعض جگہوں پر

الفاظ کے مناسب ترین استعمال اور حسنِ انتخاب سے اقبال نے چلتی پھرتی تصویریں ہمارے سامنے پیش کردی ہیں۔ یہ پیکر تراشی ملاحظہ ہو:

وہ	جوے	کہستاں	اچکتی ہوئی
اٹکتی،	لچکتی،	سرکتی	ہوئی
گراں	خواب	چینی	سنبھلنے لگے
ہمالہ	سے	چشمے	ابلنے لگے
گیا	دورِ	سرمایہ داری	گیا
تماشہ	دکھا کر	مداری	گیا

یہ تصویریں کتنی سادہ ہیں مگر کس قدر حقیقی۔

اقبال کے ان اشعار سے کچھ حرکی پیکر ابھرتے ہیں۔ ایک تصویر بنتی ہے جو دیدہ زیب بھی ہے اور حقیقی بھی۔ اچکنا، اٹکنا، لچکنا، سرکنا، اچھلنا، پھسلنا، سنبھلنا اور پیچ کھا کھا کر نکلنا یہ سارے الفاظ ہمارے سامنے ایک چلتی پھرتی تصویر لاکھڑا کرتے ہیں۔

مجموعی طور پر ''ساقی نامہ'' اقبال کی ایک ایسی نظم ہے جس میں شعریت اور حقیقت کا ایک حسین امتزاج ہے۔ اقبال کی پیغمبرانہ شان یہاں فنی نزاکتوں کے ساتھ جلوہ گر ہوئی ہے۔ اقبال نے بعض لفظوں کی تکرار سے نہ صرف فنی حسن پیدا کیا ہے بلکہ نظم کے مختلف حصوں کو ایک دوسرے سے مربوط بھی کر دیا ہے۔

زمانہ

مفہوم:

زمانہ انسان سے مخاطب ہو کر کہتا ہے کہ ماضی کا واپس آنا ممکن نہیں ہے۔ جو گزر گیا وہ گزر گیا اور جو آج ہے وہ بھی گزر جائے گا۔ جو زمانہ ابھی موجود ہے وہ بھی ماضی کے غاروں میں کھو جائے گا۔ اگر تم زمانے کی رفتار پر قابو پا کر ترقی کی منزلیں طے کرنا چاہتے ہو تو آنے والے وقت پر نظر رکھو۔

زمانہ کہتا ہے کہ میں اپنی تسبیح کے دانوں کا شمار کر رہا ہوں اور تم اسی کو سلسلۂ روز و شب کہتے ہو۔ یعنی یہ سلسلۂ روز و شب میری ہی ذات کا ایک عمل ہے۔ میری مثال ایک صراحی جیسی ہے جس سے پانی کی بوندوں کی طرح حادثات و واقعات باہر آ رہے ہیں۔

دنیا میں ہر شخص مجھے جانتا ہے اور سبھوں سے میری آشنائی ہے لیکن ہر شخص کے ساتھ میرا رویہ الگ ہے۔ کسی کو عزت دیتا ہوں، کسی کو مشہور کرتا ہوں، کسی کو سزا دیتا ہوں، کسی کو ذلیل کرتا ہوں۔

میرا یہ طریقہ نہیں ہے کہ جو میری محفل میں شریک نہ رہے اس کے لیے میں اپنے فیوض و برکات کی شراب بچا کر رکھوں۔ یعنی جو لوگ میرے ساتھ نہیں چلتے انھیں میں چھوڑ کر آگے بڑھ جاتا ہوں۔

میری حقیقت کو نجومی کی آنکھ نہیں پہچان سکتی ہے کیونکہ وہ ظاہری چیزوں پر نگاہ رکھتا ہے۔ میری اصلیت تک وہی پہنچ سکتا ہے جو عارفانہ نگاہ رکھتا ہو یعنی اپنی خودی سے آگاہ ہو۔

چھٹے اور ساتویں شعر میں اقبال نے ایک مسلسل خیال بیان کیا ہے وہ زمانے کی زبان سے کہتے ہیں کہ مغربی افق پر جو سرخی نظر آرہی ہے وہ شفق کی سرخی نہیں ہے بلکہ اس ناحق خون کی سرخی ہے جس نے ایک نہر کی شکل اختیار کرلی ہے۔ یہ خونِ ناحق کیوں ہو رہا ہے؟ صرف اس لیے کہ انسان نے اپنی قوتوں کو غلط راستے پر لگا دیا ہے۔ انسانی ذہن کی اسی قوت نے قدرت کے چھپے ہوئے راز دریافت کیے ہیں لیکن اب یہی قوت تخریبی کاروائیوں کو جنم دے رہی ہے یہاں تک کہ خود نسلِ انسانی کا وجود خطرے میں پڑ گیا ہے۔ اس کا خاص سبب یہ ہے کہ انسان مادیت پرست ہو گیا ہے اور روحانی اقدار سے بیگانہ ہے۔

زمانہ عصرِ حاضر کی ترقیات کو اپنی دوربین میں نگاہوں سے دیکھتا ہے اور یہ آگاہی دیتا ہے کہ دورِ حاضر کا ترقی یافتہ انسان اپنی ایجادات اور علوم و فنون کے جال میں پھنس کر خود ہی شکار ہونے جا رہا ہے۔ گرچہ اس نے زمین اور آسمان پر، ہواؤں پر اور سمندروں پر اپنا قبضہ کرلیا ہے مگر اس کی کشتی غرقاب ہونے والی ہے چونکہ اس کی باطل پرستی کے سبب خدا نے اس کی تقدیر میں تباہی و بربادی لکھ دی ہے۔

دنیا کو انگریز قمار بازوں نے ایک جوا خانے میں تبدیل کر دیا ہے۔ اس لیے یہ دنیا خود بخود زوال کی طرف بڑھ رہی ہے۔ مرتی ہوئی اس دنیا کو ہم بوڑھے آدمی سے تعبیر کر سکتے ہیں اور اس کے بعد جو نئی دنیا پیدا ہو رہی ہے وہ اس بات کا ثبوت ہے کہ دنیا اب فرسودگی کی آخری منزل تک پہنچ چکی ہے۔

نظم کے آخری شعر میں زمانہ مردِ درویش کی عظمت اور بلندی کا تذکرہ کرتے ہوئے کہتا ہے کہ جو شخص عشقِ الٰہی کی بدولت درویشی کے مقام پر فائز ہوتا ہے اس کی نظر میں کسی بھی رکاوٹ کی کوئی اہمیت باقی نہیں رہتی۔ مخالفت کی ہوائیں خواہ کتنی ہی تند و تیز کیوں نہ ہوں مگر اس کے پائے استقلال میں لرزش نہیں پیدا ہوتی۔ وہ آندھیوں کی زد پر بھی اپنا چراغ جلا لیتا

ہے اور فقیری میں بھی بادشاہی کرتا ہے ۔

فنی جائزہ :

پیشِ نظر نظم میں اقبال نے زمانے کی زبان سے دراصل خود اپنے خیالات کا اظہار کیا ہے ۔ وہ عصرِ حاضر پر مختلف پہلوؤں سے تبصرہ کرتے ہوئے کہتے ہیں کہ جو لوگ وقت سے کام نہیں لیتے، جو قومیں وقت کی رفتار کا ساتھ نہیں دیتیں انھیں وقت پیچھے چھوڑ دیتا ہے اور زمانہ انھیں فراموش کر دیتا ہے ۔ دوسری اہم بات یہ ہے کہ جو لوگ روحانیت کا دامن چھوڑ کر صرف مادیت پرست ہو جاتے ہیں وہ بھی زمانے کے ہاتھوں ایک نہ ایک دن تباہ و برباد ہو جاتے ہیں چونکہ وہ ہوس کے غلام بن جاتے ہیں جس کا آخری نتیجہ بربادی ہے ۔ ان دونوں نکات کے پیشِ نظر اقبال یہ ضروری سمجھتے ہیں کہ عشقِ الٰہی کا جذبہ دل میں پیدا کیا جائے اور درویشی کے مرتبے پر پہنچ کر پوری دنیا کو اپنی مرضی اور خواہش کا تابع بنا لیا جائے ۔

اس نظم میں اقبال کے تصوّرِ زماں و مکاں کے بارے میں کافی اشارے ملتے ہیں ۔ یہ تو ظاہر ہے کہ زمانہ اقبال کی نگاہ میں وقت کے مسلسل بہاؤ کا نام ہے جس میں ماضی، حال اور مستقبل تینوں شامل ہیں ۔ ہر انسان وقت کے اس بہاؤ میں اپنے طور پر کچھ کرتا ہے اور جبر و اختیار کی منزلوں کے درمیان زندگی گزارتا ہے ۔ پھر وہ اپنے اعمال اور افعال (Contribution) کے اعتبار سے زمانے سے کچھ نہ کچھ حاصل بھی کرتا ہے ۔ فائدہ بھی اٹھاتا ہے اور نقصان بھی ۔ انسان کے اختیار اور جبر کی منزلیں مقرر ہیں اور اسی لحاظ سے اس کا عمل بھی ہونا چاہیے ۔

یہ سارے نکات اقبال نے زمانے کی زبان سے اختصار کے ساتھ بیان کر دیے ہیں ۔

☆ ☆ ☆

جبریل و ابلیس

مفہوم:

جبریل ابلیس سے مخاطب ہو کر پوچھتے ہیں کہ اے میرے پرانے دوست! دنیا کا حال کیسا ہے۔

ابلیس جواب دیتا ہے کہ وہی حال جو پہلے تھا وہ اب بھی ہے۔ سوز اور ساز، درد اور داغ اور جستجو و آرزو کا سلسلہ جاری ہے۔

جبریل پھر کہتے ہیں کہ اے میرے دوست تیرے بارے میں ہمیشہ آسمان پر باتیں ہوتی رہتی ہیں۔ کیا یہ ممکن نہیں ہے کہ تیرا چاک دامن رفو ہو جائے یعنی تو اپنی غلطی کے لیے خدا سے معافی مانگ کر دوبارہ اپنا مقام حاصل کر لے۔

ابلیس جواب دیتا ہے کہ اے جبریل مجھے افسوس ہے کہ تم میرے راز سے واقف نہیں۔ گرچہ میرا پیالہ ٹوٹ گیا مگر مجھے مستقل سر مستی عطا کر گیا۔ اب میرے لیے تمھاری خاموش اور پرسکون دنیا میں واپس آنا ممکن نہیں۔ ویسے بھی میں اب اللہ سے معاف کر دیے جانے کی امید نہیں رکھتا اور میری یہی ناامیدی دنیا میں ساری ہلچل اور سوز و گداز کا سبب ہے۔ اس لیے میرے لیے اب مایوس اور ناامید رہنا ہی بہتر ہے ورنہ دنیا کی دلکشی ختم ہو جائے گی۔

جبریل ایک بار پھر سمجھانے کی کوشش کرتے ہوئے کہتے ہیں کہ تیرا مقام بہت

بلند تھا اور آدم کو سجدہ کرنے سے انکار کرکے تو نے صرف خدا کا حکم ہی نہیں ٹھکرایا بلکہ خدا کی نگاہ میں دوسرے فرشتوں کی عزت بھی کم کر دی ۔ خود بھی ذلیل ہوا اور ساتھیوں کو بھی بے عزت کیا۔ اس حقیقت کو یاد دلانے کے پس پردہ یہ خواہش ہے کہ ابلیس توبہ کرلے ۔

لیکن ابلیس نہایت تفصیل سے اپنی ناامیدی کے اسباب بیان کرتا ہے ۔ اس کا خیال ہے کہ انسان میں جو ''ذوقِ نمو'' یعنی ترقی کرنے اور آگے بڑھنے کا شوق پایا جاتا ہے ۔ وہ ابلیس ہی کی جرأت کا نتیجہ ہے ۔ اس نے جس جرأت کا اظہار کیا تھا اس میں عقل کی کارفرمائی تھی چونکہ عقل کہتی تھی کہ آدم مٹی سے بنا ہے اور تو آگ سے اور آگ مٹی سے افضل ہے ۔ آج بھی انسان عقل و خرد سے کام لے رہا ہے تو اس کے سامنے وہی مثال ہے ۔

ابلیس جبریل کو سمجھاتا ہے کہ خیر و شر کی جنگ میں تم ایک خاموش تماشائی ہو ۔ میں نے تو بحرِ ہستی میں ایک طوفان برپا کر رکھا ہے اور مستقل لہروں کے تھپیڑے برداشت کر رہا ہوں ۔ اس لیے اس لذت سے تم آشنا نہیں ہو سکتے ۔ میں نے زندگی کے سمندر میں جو طوفان برپا کر رکھا ہے اس کا مقابلہ خضرؑ اور الیاسؑ کی کوششیں بھی نہیں کر پا رہی ہیں ۔ سچ تو یہ ہے کہ آدم کی کہانی کو میرے ہی عمل نے دلکشی اور رنگینی بخشی ہے ۔ تم تو فقط اللہ کی عبادت میں مشغول رہتے ہو ۔ یہ تو میں ہوں جو یزداں کے دل میں کانٹے کی طرح کھٹکتا رہتا ہوں ۔ تم اپنی خودی کا اثبات کبھی نہیں کر سکتے جب کہ مجھے خدا کے سامنے بھی ایک انفرادیت حاصل ہے ۔ کبھی تنہائی میسر ہو تو اللہ سے ان باتوں کی تصدیق کر لینا ۔

فنی جائزہ :

ابلیس کی حیثیت تاریخی ہے اور دنیا کے تمام اہلِ کتاب حضرات کے یہاں اس کا تصور موجود ہے ۔ اس کی شخصیت ظاہر ہے کہ شر کی مظہر ہے اور وہ دنیا میں بری قوتوں کا نمائندہ اور سردار ہے ۔ اس کے باوجود اقبال کو اس کی ذات میں کچھ خوبیاں نظر آتی ہیں جن میں نمایاں ترین خوبی عرفانِ خودی ہے ۔ پیش نظر نظم میں اقبال نے اس کی یہ خصوصیت واضح کرنے کی

کامیاب کوشش کی ہے۔

مرکزی خیال:

نظم کا مرکزی خیال یہ ہے کہ صرف خدا کی مرضی کے تابع رہنا، اپنے قوائے عملیہ کو بیکار چھوڑ دینا اور خدا کی ہستی میں اپنے آپ کو گم کر دینا ہی مقصدِ حیات اور راہِ نجات نہیں ہے۔ اپنی ہستی کا عرفان بھی ضروری ہے۔ اس خیال کی پیش کش کے لیے جبریل و ابلیس کا یہ مکالمہ پیش کیا گیا ہے جس میں جبریل کے سوالات کا جواب دیتے ہوئے ابلیس نے نہ صرف اپنا کردار واضح کر دیا ہے بلکہ جرأت و عمل کا پیغام بھی دیا ہے۔

دراصل اقبال بنیادی طور پر رہبانیت، بے عملی اور سست روی کے خلاف ہیں۔ وہ ایسی زندگی کو موت سمجھتے ہیں جس میں حرکت اور اضطراب نہ ہو۔ عالمِ ملکوت کو انھوں نے اکثر عالمِ بے رنگ و بو اسی لیے کہا ہے کہ وہاں زندگی ایک بندھے ٹکے قاعدے کے مطابق ایک خاص رفتار سے چلتی ہے۔

تلخیص:

جبریل ایک سوال کرتے ہیں ۔

ہمدمِ دیرینہ کیسا ہے جہانِ رنگ و بو

اور ابلیس اس کے جواب میں بتاتا ہے کہ دنیا کا حال ہزاروں سال سے ایک ہی انداز کا ہے۔ وہی جستجو اور تلاش، بھاگ دوڑ، آرزوؤں کی ناکامی اور دلوں کا سوز و گداز میں مبتلا ہونا۔ اب جبریل عرضِ مطلب کرتے ہیں اور ابلیس کو یہ مشورہ دیتے ہیں کہ وہ خدا سے اپنے گناہوں کی معافی مانگ کر دوبارہ فرشتوں میں شامل ہو جائے۔ ابلیس انکار کر دیتا ہے اور کہتا ہے کہ میرے لیے یہ جہانِ رنگ و بو بہت دل پسند ہے چونکہ یہاں حرکت و عمل ہے، ذوقِ نمو ہے، جرأت و بے باکی ہے۔ میں تمھاری طرح خدا کی ہستی میں خود کو گم نہیں کر سکتا چونکہ مجھے اب عرفانِ خودی کی لذت حاصل ہو چکی ہے۔

یہ ایک مکالماتی نظم ہے جو اقبال کے زورِ تخیل کا نتیجہ ہے۔ ابلیس کی تصویرکشی مغربی شعراءنے بھی کی ہے اور عیسائیت میں ابلیس کا ایک واضح تصور بھی موجود ہے جو اسلامی تصور سے کافی مشابہت رکھتا ہے اس کے باوجود ان کی کردارنگاری میں وہ حقیقت نہیں پیدا ہو سکی جو اقبال کے یہاں موجود ہے۔ اقبال نے بھی ابلیس کے بارے میں مختلف مقامات پر اظہارِ خیال کیا ہے۔ اس کی روشنی میں ابلیس کا وہی تصور سامنے آتا ہے جو اسلامی عقائد میں موجود ہے۔ مشہور شاعر ملٹن نے شیطان کو خدا کی ہمسری کا دعویٰ کرنے کے بعد اس سے باضابطہ جنگ آزما ہوتے اور پھر شکست کھاتے ہوئے دکھایا ہے۔ شیطان کی تصویرکشی میں بھی اس نے ہیبت اور خوفناکی کا ظاہری رنگ پیدا کرنے کی کوشش کی ہے۔ لیکن یہ تصور اسلامی عقائد کے علاوہ عیسائی عقائد سے بھی مماثلت نہیں رکھتا۔ اقبال کا پیش کردہ ابلیس وہی فرشتہ ہے جسے خدائی سے اب بھی انکار نہیں۔ محض عقل کی فتنہ سامانی کے سبب اس نے سجدۂ آدم سے انکار کر دیا تھا اور اب کارزارِ حیات میں مشغولِ کار ہے۔ ڈاکٹر عبدالمغنی کا یہ خیال درست ہے کہ:

> ''اقبال کے حقیقی، اصلی اور عملی ابلیس کے مقابلے میں ملٹن کا شیطان محض اساطیری اور روایتی ہے۔ چنانچہ ملٹن کے شیطان میں ڈرامائیت جتنی بھی ہو شعریت میں وہ اقبال کے ابلیس کا مقابلہ نہیں کر سکتا''۔

حقیقت یہ ہے کہ اقبال کی نظم میں بھی مکالماتی انداز کے سبب ڈرامائیت کی کمی نہیں۔ جہاں تک شعریت کا سوال ہے اقبال نے صرف ایک مصرع میں پوری دنیا کا نقشہ انتہائی بلاغت کے ساتھ پیش کر دیا ہے۔ یعنی ''سوز و ساز و درد و داغ و جستجو و آرزو'' اس کے علاوہ جبریل کے ذریعہ ابلیس کو ''ہمدمِ دیرینہ'' کہہ کر مخاطب کرنا تاریخِ کائنات کے ایک اہم دور کا مرزیہ بیان ہے جس میں انکارِ سجدہ سے قبل ابلیس کی فرشتوں سے قربت کا اظہار کیا گیا ہے۔ جبریل کے ذریعہ یہ کہنا کہ ؏

کیا نہیں ممکن کہ تیرا چاک دامن ہو رفو

کنایہ کی بہترین مثال ہے۔ بعض خوبصورت تشبیہیں بھی موجود ہیں۔ مثلاً مشتِ خاک، عالم بے کاخ و کو اور دلِ یزداں میں کھٹکنے والا کانٹا وغیرہ۔ بعض مصرعے اس قدر معنی خیز ہیں کہ ان پر مستقل مضمون لکھا جا سکتا ہے مثلاً

قصۂ آدم کو رنگیں کر گیا کس کا لہو

مجموعی طور پر جبریل اور ابلیس دونوں کے مکالموں میں حقیقت کا رنگ ہے۔ ابلیس کے جوابات سے اس کی شخصیت کی ایک مکمل تصویر ابھرتی ہے جس میں خدا کی عظمت کا اعتراف بھی ہے اور اپنی انفرادیت کا احساس بھی۔ یہ کہنا تو شاید غلط ہو گا کہ جبریل کی شخصیت ابھر نہیں سکی کیونکہ اقبال کا مقصد ہی جبریل کے پس منظر میں ابلیس کی بعض ایسی خصوصیات کو ابھارنا تھا جو قوموں میں حرکت و عمل کے جذبات پیدا کرنے میں معاون ہوتی ہیں۔

یہ نظم جذبات نگاری، رمزیت اور شعریت کے لحاظ سے اپنے مختصر سے پیمانے میں بے حد کامیاب ہے اور اقبال کی چند بہترین نظموں میں ایک ہے۔

☆☆☆

اذان

مفہوم :

ایک رات نجمِ سحر (صبح کا تارہ جو پچھلے پہر طلوع ہوتا ہے) نے دوسرے ستاروں سے دریافت کیا کہ تم میں سے کسی نے انسانوں کو بھی شب بیداری (رات کی عبادت مراد ہے) کرتے دیکھا ہے ۔ مریخ نے جواب دیا کہ تقدیر (کارکنانِ قضا و قدر) بڑی اد افہم یعنی حقیقت شناس ہے ۔ وہ جان بوجھ کر اس چھوٹے سے فتنے کو سونے دیتی ہے ۔ کیونکہ یہی اس کی سزا ہے ۔ زہرہ نے اس سوال و جواب پر اپنی ناپسندیدگی کا اظہار کرتے ہوئے کہا کہ تم لوگوں کے پاس گفتگو کا کوئی دوسرا موضوع نہیں ہے جو تم لوگ اس کہ مکِ شب کور (ایسا کیڑا جو رات کو اندھا ہو جائے) کی باتیں کر رہے ہو ۔ آخر ہمیں اس سے کیا مطلب ہے ۔ مہہ کامل (چودھویں رات کا چاند) نے کہا کہ تم لوگ اس کی حقیقت نہیں جانتے ۔ جس طرح تم رات کو نمودار ہوتے ہو اسی طرح وہ دن کو بیدار رہتا ہے کیونکہ وہ زمین کا ستارہ ہے ۔ یہ بھی جان لو کہ اگر وہ رات کے پچھلے پہر اٹھنے کی لذت اور برکت سے واقف ہو جائے تو اس کا مقام ثریا (سات ستاروں کا وہ جھرمٹ جسے پروین بھی کہتے ہیں) سے بھی بلند ہو جائے کیونکہ اس کے دل میں عشقِ الٰہی کے سبب وہ نور پوشیدہ ہے جس کے سامنے آسمان کے ستاروں اور سیاروں کی روشنی کوئی حیثیت نہیں رکھتی ۔ اسی گفتگو کے دوران جب ستارے انسان کے بارے میں باتیں کر رہے تھے

یکا یک اذان کی آواز سے پوری فضا گونج اٹھی۔ یہ وہی نعرۂ تکبیر ہے جس سے پہاڑوں کے دل بھی لرز جاتے ہیں۔

فنی جائزہ :

یہ مختصر سی نظم تمثیلی انداز میں لکھی گئی ہے جس میں مختلف ستاروں اور سیاروں کو انسانوں کی طرح باتیں کرتے ہوئے دکھایا گیا ہے۔ اقبال نے اور بھی کئی نظمیں اس انداز پر لکھی ہیں۔ اس نظم میں انھوں نے "سحر خیزی" کی اہمیت پر روشنی ڈالی ہے اور اذان کی آواز چونکہ سحر خیزی کی تحریک پیدا کرتی ہے اس لیے نہ صرف یہ کہ نظم کا عنوان "اذان" رکھا ہے بلکہ اس کا نقطۂ عروج بھی یہی ہے کہ ۔

ناگاہ فضا بانگِ اذاں سے ہوئی لبریز
وہ نعرہ کہ ہل جاتا ہے جس سے دلِ کہسار

تلخیص :

اس نظم میں مختلف ستاروں اور سیاروں کی بات چیت میں ان کی انفرادی خصوصیات کا حقیقی اظہار ہوا ہے۔ مثال کے طور پر مریخ کو قتل و فساد کا ذمے دار قرار دیا جاتا ہے اور انسان اگر شب کو بیدار ہو کر عبادت کرلے تو دنیا سے فتنہ و فساد کا خاتمہ ہی ہو جائے اس لیے دوران گفتگو مریخ بنی آدم کی گہری نیند پر اطمینان کا اظہار کرتا ہے۔ اسی طرح زہرہ کو بھی انسان سے کوئی ہمدردی نہیں ہے کیونکہ انسان اس کے قبیلے سے تعلق نہیں رکھتا۔ اس کے برخلاف چاند کو نہ صرف بنی نوع انسان سے ہمدردی ہے بلکہ وہ اس خاکِ پر اسرار کی پوشیدہ قوتوں سے بھی واقف ہے۔ اس لیے ستاروں کو اس حقیقت سے آگاہ کر دیتا ہے کہ اس انسان میں اگر شب بیداری کی عادت پیدا ہو جائے تو اس کے آگے چاند تاروں کی ہستی گرد ہو جا سکتی ہے۔

تبصرہ :

اقبال نے "سحر خیزی" کا پیغام مختلف طریقوں سے دیا ہے۔ جواب شکوہ میں خدائی

زبان سے یہ نصیحت کرتے ہیں ۔

کس قدر تم پہ گراں صبح کی بیداری ہے

ہم سے کب پیار ہے ہاں نیند تمھیں پیاری ہے

ضربِ کلیم میں فرماتے ہیں ۔

وہ سحر جس سے لرزتا ہے شبستانِ وجود

ہوتی ہے بندۂ مومن کی اذاں سے پیدا

اس نظم میں بھی بڑے پرتاثیر انداز میں انھوں نے شب بیداری کا پیغام دیا ہے چونکہ یہ تزکیۂ نفس کی پہلی منزل ہے ۔ اکثر مسلمان صبح سویرے اٹھ کر عبادتِ الٰہی میں مشغول نہیں ہوتے اس لیے اقبال نے ان کی ساری تباہی و بربادی کا سبب یہی قرار دیا ہے اور مریخ کی زبان سے طنزیہ جملہ ادا کروا کے وہ ظاہر کرنا چاہتے ہیں کہ صبح سویرے نہ اٹھنا ایک سزا ہے اور مسلمانوں کو اس سزا سے بچنا چاہیے ۔ خوبصورت تشبیہوں، استعاروں اور ترکیبوں کے ساتھ یہ پیغام دل کش انداز میں سامنے آیا ہے ۔

☆☆☆

خوشحال خاں کی وصیّت

تبصرہ :

''بالِ جبریل'' میں اس نظم کے عنوان پر فوٹ نوٹ (foot Noot) دیتے ہوئے اقبال نے لکھا ہے۔

'' خوش حال خاں پشتو زبان کا وطن دوست شاعر تھا۔ جس نے افغانستان کو مغلوں سے آزاد کرانے کے لیے سرحد کے افغانی قبائل کی ایک جمعیت قائم کی۔ قبائل میں صرف آفریدیوں نے آخر دم تک اس کا ساتھ دیا۔ اس کی تقریباً ایک سو نظموں کا انگریزی ترجمہ سنہ ۱۸۶۲ء میں لندن میں شائع ہوا تھا''۔

اقبال نے زیرِ نظر مختصر سی اس نظم میں افغانستان کے اس مشہور حرّیت پسند شاعر کے جذبہ آزادی اور بلند ہمّتی کے بارے میں اپنے خیالات کو بڑے پر اثر انداز میں نظم کرتے ہوئے کثرت میں وحدت تلاش کی ہے۔ یعنی اقبال کی نظر میں خوش حال خاں کے کردار کا جو پہلو سب سے زیادہ کشش انگیز معلوم ہوا، وہ اس کا ولولہء جہاد اور اس کی سرفروشانہ تعمیل ہے۔ پشتو کے اس مشہور شاعر سے اقبال کا ذہنی تعلق ان کے بعض شدید نفسیاتی میلانات کی نشان دہی کرتا ہے۔ اس طرح کہہ سکتے ہیں کہ اقبال کی یہ نظم تاثراتی نوعیت کی ہے۔ اقبال کی شاعری میں حرکت و عمل

کا جو پیغام ملتا ہے اگر اس کا تجزیہ کیا جائے تو یہ بات واضح ہوتی ہے کہ اس کی تہہ میں ماضی کی ایسی تاریخ ساز ہستیاں رقص کناں ہیں جن سے اقبال نے ذہنی اور شعوری طور پر اثر قبول کیا ہے۔ ماضی کے ان تاریخ ساز، متحرک اور فعال اشخاص سے اقبال اس حد تک متاثر ہوئے کہ وہ ان کے ذہن و شعور میں رچ بس گئے۔ اقبال کی پوری شعری کائنات اور خصوصی طور پر ''بالِ جبریل'' کی بیش تر غزلوں اور نظموں میں ماضی کی شاندار روایات کے پس منظر میں حرکت و عمل کی جو تلقین ملتی ہے وہ انھی اشخاص کی مرہونِ منت ہے۔ چنانچہ اقبال نے غزل کے ایک شعر میں اس نکتے کی جانب واضح طور پر اشارہ کیا ہے۔

میں کہ مری غزل میں ہے آتشِ رفتہ کا سراغ

میری تمام سرگذشت کھوئے ہوؤں کی جستجو!

اقبال کی یہ نظم بھی اسی ''کھوئے ہوؤں کی جستجو'' کا منظر نامہ ہے۔ یہی وجہ ہے کہ اقبال کے یہاں نادر تشبیہات و استعارات کے ساتھ ساتھ باضابطہ طور پر تلمیحاتی نظام کا پتا چلتا ہے۔ تلمیحات کے وسیلے سے اقبال نے اپنی شاعری کو متحرک، فعال اور روشن قدروں کا حامل بنا دیا۔ زیرِ نظر نظم میں بھی اقبال نے اپنے خیالات کا تانا بانا تلمیحات کے سہارے ہی بُنا ہے۔ اور یہی وجہ ہے کہ اس نظم میں خیالات و کیفیات کی ایک بلیغ ترسیل ملتی ہے۔ خوشحال خاں کی شاعری کے جو کچھ اردو تراجم ملتے ہیں ان کے مطالعے سے یہ بات یقین کے ساتھ کہی جا سکتی ہے کہ اقبال نہ صرف گہرے طور پر ان سے متاثر تھے، بلکہ انھوں نے ''مردِ کامل'' کا مشہور تصور بھی ان ہی سے مستعار لیا۔ چنانچہ یہ کہا جا سکتا ہے کہ اگر خوشحال خاں نہ ہوتے یا اقبال ان کی شاعری کا مطالعہ نہ کرتے تو آج ان کی شاعری کی اساسی قدریں قطعی مختلف ہوتیں۔

چنانچہ زیرِ نظر نظم میں بھی اقبال نے ''خوشحال خاں'' کو ایک ''مردِ کامل'' کی شکل میں پیش کیا ہے۔ اقبال کی نظر میں خوشحال خاں ایک ایسا مردِ کامل تھا جس نے نہ صرف یہ کہ قلم ہی کا سہارا لیا بلکہ عمل کے میدان میں اس نے تلوار کا بھی سہارا لیا۔ وہ زندگی بھر مغلوں سے برسرِ پیکار رہے مگر سر نہیں جھکایا۔ اپنے مٹھی بھر وفادار ساتھیوں کے ساتھ اورنگ زیب کی باقاعدہ منظم اور

کثیر التعداد سپاہ سے مقابلے کیے اور کئی مواقع پر انھیں شکست سے دو چار ہونا پڑا۔ خوشحال خاں کی بلند ہمتی، ان کی دلیرانہ شخصیت اور دوسری جانب فن و ادب کے میدان میں ان کی بیش بہا خدمات، یہ ایسے اوصاف تھے جن کو اقبال کے ذہن نے بڑی شدت سے محسوس کیا جس کے نتیجے میں اقبال نے ایک کیفیاتی اور تاثراتی نظم تخلیق کی۔ اس نظم میں خوشحال خاں کے کردار کو ایک ایسے مردِ کامل کی شکل میں پیش کیا گیا ہے جو پیکرِ حرکت و عمل کا بہترین نمونہ ہے۔ اقبال کی شاعری میں مردِ مومن، مردِ کامل، شاہین، خودی اور دوسرے علائم کا جو تصور ملتا ہے، یہ نظم ان سب کا ایک حسین مرقع ہے۔

اس نظم کے آخری دو اشعار میں اقبال نے جن خیالات کو نظم کیا ہے انھیں خوشحال خاں کے ذیل کے اشعار کے سیاق و سباق میں اگر دیکھا جائے تو بہت حد تک مفہوم و مطالب کے پردے اٹھتے نظر آتے ہیں ۔

مجھے دفن جب میرے ہمدم کریں

وصیت مری ان کو ملحوظ ہو

بنائیں لحد میری ایسی جگہ

مغل شہہ سواروں سے محفوظ ہو

(پشتو سے ترجمہ)

یہ اشعار خوشحال خاں نے فروری ۱۶۸۹ء میں اس دارِ فانی سے کوچ کرتے وقت کہا۔

مذکورہ اشعار کی روشنی میں اس نظم کے آخری دو اشعار ملاحظہ کریں ۔

کہوں تجھ سے اے ہم نشیں دل کی بات

وہ مدفن ہے خوشحال خاں کو پسند

اڑا کر نہ لائے جہاں بادِ کوہ

مغل شہہ سواروں کی گردِ سمند

یہی خوشحال خاں کی وصیت تھی اور اس کو مرکزی خیال بنا کر اقبال نے قوت و عمل اور ایثار و قربانی کا ایک بہترین درس قوم کو دیا۔

تشریح: پہلا شعر:

قبائل ہوں ملت کی وحدت میں گم
کہ ہو نام افغانیوں کا بلند!

اقبال نے اس نظم کے اندر کثرت میں وحدت کی تلاش کی ہے۔ اتحاد و اتفاق ہی کسی قوم کی سر بلندی کی ضامن ہو سکتی ہے۔ مذکورہ شعر میں اس نکتے کی جانب اشارہ کیا گیا ہے۔ اقبال نے اس شعر میں خوشحال خاں کی زبانی قبائلیوں کی عظمت و رفعت اور اتحاد کی جانب اشارہ کیا ہے کہ ملت کی وحدت ہی قبائلیوں کی شان ہے اور اسی وحدت کے نشے میں بدمست یہ قوم اپنے آپ میں گم، اپنے ہی محور سے اپنی زندگی کا دائرہ بنانے کی خواہش رکھتی ہے تا کہ افغانیوں کا نام اقوام عالم میں بلند و برتر ہو سکے۔ اس شعر میں اقبال کا مشہور و مقبول فلسفۂ خودی بھی کارفرما نظر آتا ہے۔

دوسرا شعر:

محبت مجھے ان جوانوں سے ہے
ستاروں پہ جو ڈالتے ہیں کمند!

خوشحال خاں ساری زندگی مغلوں سے برسرِ پیکار رہے اور اپنی قوم کی گردن سے طوقِ غلامی اتار پھینکنے کی کوشش کرتے رہے۔ ظاہر ہے کہ اس کوشش میں خوشحال خاں کو قوم کے ان دلیر اور جواں ہمت نوجوانوں کی ضرورت بھی پڑی ہوگی جو اس مشن کو کامیابی سے ہمکنار کرنے کے لیے خوشحال خاں کے قدم سے قدم ملا کر ساتھ دے سکیں۔ اس مقصد کی حصولیابی کے لیے نوجوانوں کے ذہن و دماغ کے اندر جذبۂ حریت اور وطن دوستی کی تحریک پیدا کرنے کی ضرورت تھی۔ اور اسی لیے مذکورہ شعر میں خوشحال خاں کے ان خیالات کی ترجمانی کی گئی ہے

جن سے نوجوانوں کے عزائم و حوصلے بلند ہوسکیں۔ یعنی خوشحال خاں کو ایسے نوجوانوں سے محبت تھے جو ستاروں پر بھی کمند ڈالنے کی صلاحیت رکھتے ہیں۔

تیسرا شعر

مغل سے کسی طرح کمتر نہیں

قہستاں کا یہ بچہ ارجمند

اس شعر میں بھی قریب قریب انھی باتوں کا اعادہ کیا گیا جن کا دوسرے شعر میں ذکر ہوا ہے۔ یعنی افغان نوجوانوں اور بچوں کی شان و شوکت، عظمت و رفعت مغلوں سے کسی بھی طور پر کم نہیں ہے۔ اس شعر کا اطلاق مجموعی طور پر پوری افغان قوم پر بھی ہوتا ہے۔ خوشحال خاں جو پیکرِ حرکت و عمل اور حرّیت و بہادری کے کارنامے دیکھنے کا خواہاں تھا۔ اپنے اس مشن کو پایۂ تکمیل تک پہنچانے کے لیے اس نے عملی طور پر میدان میں تلوار بھی اٹھائی اور قلم کے سہارے افغانیوں کے ذہن و دماغ کے اندر جذبہ بہ وطن پروری کی تحریک بھی پیدا کی۔

چوتھا اور پانچواں شعر

کہوں تجھ سے اے ہم نشیں دل کی بات

وہ مدفن ہے خوشحال خاں کو پسند

اڑا کر نہ لائے جہاں بادِ کوہ

مغل شہہ سواروں کی گردِ سمند!

ان دو آخری اشعار میں اقبال نے خوشحال خاں کی اس وصیت کو نظم کیا جس کی تکمیل کی اس نے اپنی قوم سے گزارش کی ہے۔ یعنی خوشحال خاں کی دلی خواہش یہی ہے کہ اس کے مرنے کے بعد اس کی ابدی آرام گاہ ایسی جگہ ہو جہاں مغل شہسواروں کا سایہ بھی نہ پہنچ سکے۔ تاکہ اس کی روح چین و سکون کے ساتھ راہِ ملکِ عدم کا سفر طے کر سکے۔

☆☆☆

ابلیس کی عرضداشت

تبصرہ :

اقبال کی بیش تر اردو نظمیں تمثیلی نوعیت کی ہیں ۔ان نظموں میں (۱) جبریل و ابلیس (۲) ابلیس کی مجلسِ شوریٰ اور (۳) ابلیس کی عرض داشت قابلِ ذکر ہیں ۔ان نظموں کو تمثیلی نظم یا تمثیلی عناصر کا حامل بجا طور پر کہا جا سکتا ہے ۔ان نظموں کی تخلیق میں ڈرامائی انداز ملحوظ رکھنے کی سب سے بڑی وجہ یہ ہے کہ اقبال نے ان نظموں کے اندر ابلیس کے جس کردار کو پیش کیا ہے اور اس کے وسیلے سے جن امور و مسائل پر روشنی ڈالی ہے ان کے اظہار کے لیے تمثیلی وسیلۂ بیان بے حد موزوں اور مناسب ترین تھا ۔یہ علامہ اقبال کی فنی خوبیوں کا نشانِ امتیاز ہے ۔ چنانچہ یہی وجہ ہے کہ زیرِ نظر نظم ''ابلیس کی عرض داشت'' میں مکالموں کی ادائیگی جس انداز سے کی گئی ہے وہ ڈرامائی انداز کے ہیں ۔خدا کے حضور میں ابلیس ایک حریف انسان کی صورت میں پیش ہوتا ہے اور دنیا میں انسانوں کی بے راہ روی اور کجروی کی عرض پیش کرنے کی جسارت کرتا ہے ۔خدا کے حضور میں ابلیس اپنی عرض داشت پیش کرکے اپنے آپ پر نازاں ہوتا ہے کہ اس نے اولادِ آدم کی بے راہ روی کا شاخسانہ کرکے بہ ظاہر اپنی شیطنیت اور شر پر فتح حاصل کر لی ۔ابلیس نے ''آدم کی کفِ خاک'' کو ''پر کالۂ آتش'' سے تشبیہ دے کر بظاہر حیاتِ انسانی پر زبردست طنز کیا ہے ۔لیکن باطن اقبال، ابلیس کے اس طنز کے وسیلے سے بنی نوع انسان کی

اصلاح کرنا چاہتے ہیں ۔ابلیس کا یہی وہ طنزیہ انداز ہے جس کے پیشِ نظر کہا جاسکتا ہے کہ اقبال کا یہ ابلیس زیادہ شاعرانہ اور کم ڈرامائی ہے ۔اخلاقیات و اصلاحیات کے اس پہلو کے پیشِ نظر، زیرِ نظر نظم کی تخلیقی نوعیت کی جڑیں اسلامی تعلیمات و نظریات اور مشرقی تہذیب و اقدار کی زمین میں پیوست نظر آتی ہیں ۔یہی وجہ ہے کہ اس نظم کے اندر اقبال نے مغربی نظامِ اقدار کے تحت ابھرنے والے سیاسی اور تہذیبی ڈھانچے پر زبردست وار کیا ہے ۔چنانچہ زیرِ نظر نظم میں اقبال نے ابلیس کے کردار کو ایک علامت کی شکل میں پیش کیا ہے ۔یہ علامت مغربی نظامِ اقدار کی نمائندگی کرتی نظر آتی ہے اور اسی لیے مغرب کے تہذیبی اور سیاسی نظام کو اقبال نے ''ابلیسی نظام'' سے موسوم کیا ہے ۔فکر و نظر کے اس طریقۂ اظہار میں بڑی زبردست رمزیت، اشاریت اور علائم اور الہام کار فرما نظر آتے ہیں ۔اس کے پس پردہ اقبال کا مطمحِ نظر مشرقی روایات و اقدار اور خصوصی طور پر اسلامی تعلیمات کی برتری ثابت کرنا ہے ۔ظاہری طور پر اقبال کے اس اندازِ نظر کو رجعت پرستی اور قنوطیت جیسی باتوں سے تشبیہ دی جاسکتی ہے ۔لیکن واقعہ یہ ہے کہ اقبال کی نظر میں مشرقیت کی عظمت ہی ان کے رجائی اندازِ نظر کی دلیل ہے ۔

جب ابلیس خدا کے حضور میں یہ عرضی پیش کرتا ہے کہ

ناپاک جسے کہتی تھی مشرق کی شریعت

مغرب کے فقیہوں کا یہ فتویٰ ہے کہ ہے پاک

مغربی نظامِ اقدار کے دفاع میں ابلیس نے خدا کے حضور میں جس انداز سے وکالت کی ہے وہ اس بات کا ثبوت ہے کہ اقبال کے ذہن میں مغربی نظامِ اقدار کا جو ہیولا تھا، وہ ابلیسیت پر مبنی تھا ۔یہی وجہ ہے کہ گذشتہ صفحات میں مغربی نظامِ اقدار کو ''ابلیسی نظام'' سے تعبیر کیا گیا ہے ۔یہ خیالات و افکار کی بڑی بلیغ ترسیل ہے اور شاعر کے تخلیقی رویے کا اشاریہ بھی ۔

نظم کے آخری شعر میں اقبال نے بڑی ہی دقیقہ سنجی کے ساتھ مغرب کے اربابِ سیاست پر تنقید کی ہے ۔

جمہور کے ابلیس ہیں اربابِ سیاست

باقی نہیں اب میری ضرورت تہِ افلاک

مغربی نظامِ اقدار کے تحت ابھرنے والے "اربابِ سیاست" کو "جمہور کے ابلیس" قرار دیا گیا ہے ۔ اقبال کا طنز مغربی ملوکیت، سرمایہ داری اور جمہوریت کے مروجہ نظامِ حیات پر ہے اور ابلیس کے خیال میں عصرِ حاضر کے اس جہانِ مغرب کا مواد فقط ابلیس کی قیادت و سیادت پر ہے ۔ اس لیے کہ مغربی نظام ہی ابلیسی نظام ہے اور اب اس نظام کی برہمی اس کے اندر سے ابھرنے والے ایک نئے تصورِ کمیونزم کے ہاتھوں مقدر معلوم ہوتی ہے ۔ اسی طرح ابلیس کو اسلام کا بھی تجربہ ہے اور وہ جانتا ہے کہ اسلام کا فروغ ابلیسی نظام کے لیے پیامِ فنا ہے ۔ لہٰذا اپنے مستقبل یا اپنے خیال میں دنیا کے مستقبل کے لیے اس کے "فتنہ" ہونے کا وہ قطعی اعلان کرتا ہے ۔

اقبال کا ابلیس شیطنیت کے باوجود ایک سلیقۂ سخن رکھتا ہے ۔ وہ بڑی نفیس گفتگو کرتا ہے اور اپنے خیالات کا اظہار پورے زور واثر کے ساتھ کرتا ہے ۔ چنانچہ ان کا لطفِ بیان اس کے اس اضطراب پر بھی پردہ ڈالتا ہے جس میں وہ سب مبتلا ہیں ۔ بہرحال وہ حالات کا تجزیہ گہرائی اور دور بینی کے ساتھ کرتے ہیں ۔ یہ ضرور ہے کہ ان کے بالخصوص ابلیس کے طرزِ بیان میں شوخی کے ساتھ شیخی، ادعا، تحکم ہے ۔ لیکن یہ بالکل ان کے شیطانی کردار کے مطابق ہے ۔ فنی اعتبار سے تمثیل کا یہ انداز بہت کارگر ہے کہ عصرِ حاضر کے غیر اسلامی رجحانات کی نقاب کشائی اور اسلامی نقطۂ نظر کی خوبیوں کا اظہار ان رجحانات کے ابلیسی سرپرستوں اور اسی نقطۂ نظر کے ابلیسی مخالفوں کی جانب سے ایک طنزیہ اسلوب میں ہوا ہے ۔ مختصر یہ کہ یہ ایک فکری اور پیامی نظم ہے ۔ مگر شاعرانہ استعارات و اشارات سے مملو ہے ۔ حالانکہ سارا راز و نکات کے بلیغ اظہار پر ہے نہ کہ زبان و بیان کی آرائش و پیرائش پر ۔ اس طرح علامہ اقبال کے یہاں فطری طور سے سنجیدہ ترین موضوعات اور قسیم ترین افکار بھی ایک لطیف و نفیس پُر شوکت اور پُر وقار انداز میں بروے اظہار آتے ہیں ۔

کہتا تھا عزازیل خداوندِ جہاں سے
پر کالہ آتش ہوئی آدم کی کفِ خاک

اس شعر میں اقبال نے ابلیس کو حریفِ انسان کی شکل میں پیش کرکے اس کی زبانی خدا کے حضور میں انسان کے اعمال و افعال کی روداد سنائی ہے۔ ابلیس''آدم کی کفِ خاک'' کو ''پر کالہ آتش'' سے تعبیر کرتا ہے۔ انسان کے تئیں ابلیس کے اس موقف سے یہ دنیا، ابلیسی نظام کی نمائندگی کرتی نظر آتی ہے اور اولادِ آدم، ابلیسیت کا شکار ہوتی نظر آتی ہے۔ بہ ظاہر اس شعر کے مکالموں سے ابلیس کی فتح و کامرانی کا پتا چلتا ہے لیکن بباطن اقبال نے اس بلیغ اشارے کے وسیلے سے حیاتِ انسانی کی گمراہیوں اور کجرویوں کا نقشہ نہایت ہی موثر انداز سے کھینچا ہے۔

دوسرا شعر:

جاں لاغر و تن فربہ و ملبوس بدن زیب
دل نزع کی حالت میں خرد پختہ و چالاک

''آدم کی کفِ خاک'' کو ''پر کالہ آتش'' سے تعبیر کرتے ہوئے دوسرے شعر میں اس نکتے کی تشریح کی گئی ہے کہ ''جاں لاغر و تن فربہ و ملبوس بدن زیب'' جس کے نتیجے میں ''دل نزع کی حالت میں خرد پختہ و چالاک'' کی کیفیت ابھرتی ہے۔

دراصل انسان خیر و شر کا ایک مجموعہ ہے۔ اس کے اندر نفس کشی اور نفس پرستی یہ دونوں ہی صلاحیت بدرجۂ اتم موجود ہے۔ وہ اپنی زندگی کو راہِ خیر پر بھی لگا سکتا ہے اور شر پسندی پر بھی۔ یہ انسان کے لیے ایک زبردست آزمایش کی گھڑی ہوتی ہے اور اس آزمایش سے صحیح و سالم گزر جانے والا انسان ہی دنیا و آخرت میں اپنے اعمال و افعال کا پھل پاتا ہے اور جو اس آزمایش میں ناکام ہو جاتا ہے وہ تاریکی و گمراہی کی راہ میں بھٹکتا پھرتا ہے۔ مذکورہ شعر کے اندر انسان کی اس نفسیاتی کمزوری پر روشنی ڈالی گئی ہے۔ یعنی ابلیس خدا کے حضور میں انسان کو

مختلف صفات کا مجموعہ بتاتے ہوئے اس کے وجود کی غیر قطعیت کی جانب نشاندہی کرتا ہے۔

تیسرا شعر:

نا پاک جسے کہتی تھی مشرق کی شریعت

مغرب کے فقیہوں کا یہ فتویٰ ہے کہ ہے پاک

اس شعر میں ابلیس مغربی نظامِ اقدار کی وکالت کرتا ہے اور کہتا ہے کہ مشرق کی شریعت نے جس تہذیب اور نظام کو غلط قرار دیا ہے اسے مغرب کے فقیہوں نے جائز اور صحیح قرار دیا ہے۔ اس طرح مغرب کے دفاع میں ابلیس کی یہ وکالت بذاتِ خود مغربی تہذیب پر ایک زبردست طنز ہے۔ جس تہذیب کی وکالت ابلیس کرتا ہو اس تہذیب کا حشر کیا ہوگا؟ گویا ابلیس مغربی تہذیب کی ایک علامت کے طور پر اس شعر میں ابھرتا ہے اور اسی بنا پر اقبال نے مغربی نظامِ اقدار کو ''ابلیسی نظام'' سے تعبیر کیا ہے۔ یہ فن اور فکر کی ایک زبردست تخیلاتی و تصوراتی قوت کی جانب اشاریہ بھی ہے۔

چوتھا شعر:

تجھ کو نہیں معلوم کہ حورانِ بہشتی

ویرانیِ جنت کے تصوّر سے ہیں غم ناک

اس شعر کے اندر ابلیس، آدم کے جنت سے نکل جانے پر افسوس کا اظہار کرتا ہے اور خداوندِ کریم کے حضور میں یہ عرضی پیش کرتا ہے کہ اے خدا شاید تجھے یہ نہیں معلوم کہ جنت کی حوریں، اب اس کی ویرانی کے تصور سے غم ناک ہیں۔ بظاہر اس شعر میں اقبال، ابلیس کی زبانی تخلیقِ دنیا کی مذمت کرتے نظر آتے ہیں لیکن اس میں ایک بہت ہی فکر انگیز نکتہ پوشیدہ ہے کہ خداوندِ کریم نے انسان کو دنیا میں اشرف المخلوقات کا درجہ عطا کرکے بھیجا لیکن انسان نے ربِّ جلیل و قدیر کے اس عطا کردہ درجہ و منصب کا پاس نہیں رکھا اور دنیا کو ''شر'' کی آماجگاہ بنا دیا۔ حیاتِ انسانی پر یہ ایک زبردست طنز ہے اور اس کے پسِ پردہ اقبال کا منشا و مقصد انسانی زندگی کی اصلاح ہے۔

پانچواں شعر:

جمہور کے ابلیس ہیں اربابِ سیاست
باقی نہیں اب میری ضرورت تہہ افلاک

اس شعر میں مغربی نظامِ اقدار کے تحت ابھرنے والے "اربابِ سیاست" کو "جمہور کے ابلیس" کہا گیا ہے۔ اس شعر کے اندر زیرِ نظر نظم کا مرکزی خیال بھی پوشیدہ ہے۔ یعنی مغربی نظامِ اقدار کی خامیوں کی نقاب کشائی اور اسلامی تعلیمات و نظریات کی از سرِ نو احیا کی ضرورت ہے۔

☆☆☆

شاہین

مفہوم:

شاہین کہتا ہے کہ میں نے اس خاکدان یعنی زمینی علاقوں سے علا حدگی اختیار کر لی کیونکہ یہاں رزق کے لیے دوسروں کا محتاج ہونا مجھے پسند نہیں۔ میں یہ نہیں چاہتا کہ بغیر محنت و مشقت کے لوگ میرے سامنے دانہ پانی ڈال دیا کریں اور میں دوسرے پرندوں کی طرح اسے کھالوں۔ اس لیے میں نے اس زمین کو چھوڑ کر آسمانوں کی وسعت کو اپنالیا۔ اقبال نے اسی نکتہ کو دوسری جگہ اس طرح بیان کیا ہے۔

اے طائرِ لاہوتی اس رزق سے موت اچھی

جس رزق سے آتی ہو پرواز میں کوتاہی

شاہین کی فطرت چونکہ راہبانہ ہے یعنی وہ تنہائی پسند کرتا ہے اس لیے وہ شہروں اور دیہاتوں سے دور جنگلوں کی وسعت میں اپنا ٹھکانہ تلاش کرتا ہے۔ یہ وہ جگہ ہے جہاں نہ بہار کی ٹھنڈی ہوا ہوتی ہے، نہ بلبل اور صیاد کی کش مکش ہوتی ہے اور نہ پھول اور پھل ہوتے ہیں۔ وہ خیابانوں میں رہنے والے پرندوں اور ان کی اداؤں سے بچنا چاہتا ہے کیونکہ یہ ادائیں دل فریب تو ضرور ہیں مگر نقصان پہنچانے والی بھی ہیں۔ یہ کمزوری، کاہلی اور آرام طلبی پیدا کرتی ہیں اس کے برخلاف بیابانوں کی ہوا میں زہد اور جدو جہد کا جذبہ پرورش پاتا ہے۔ چونکہ شاہین کی

زندگی بھی روزِ اول سے زاہدانہ رہی ہے اس لیے وہ حمام و کبوتر کا بھوکا نہیں ہے اور ایسے آب و دانہ سے کنارہ کشی اختیار کر لیتا ہے جو طبیعت میں بیماری اور سستی پیدا کرے۔ چونکہ وہ زاہدی زندگی گزارتا ہے۔ اس لیے توکل کی خصوصیت بھی اس میں پائی جاتی ہے اور دوسرے پرندوں کا شکار بھی کسی لالچ کے سبب نہیں کرتا بلکہ یہ اس کے لیے محض لہو گرم رکھنے کا ایک بہانہ ہے۔ ایک مشق اور ورزش ہے۔

شاہین کی وہ جوان مردی جو خیابانوں سے دور رہ کر جنگلوں اور پہاڑوں کی آب و ہوا میں جنم لیتی ہے اپنے اندر ایک آفاقی شان رکھتی ہے۔ وہ واضح کر دیتا ہے کہ اس کی دنیا چکوروں کی طرح محدود نہیں ہے کہ پورب اور پچھم کے فاصلوں میں قید ہو جائے اس کی دنیا نیلے آسمان کی طرح تا حدِ نظر پھیلی ہوئی ہے جس کی وسعت کا اندازہ لگانا ممکن نہیں ہے۔ شاہین پرندوں کی دنیا کا درویش ہے اور جس طرح ایک درویش ساری دنیا سے بے نیاز ہوتا ہے لیکن ساری دنیا اس کے تصرف میں ہوتی ہے اسی طرح شاہین بھی کسی ایک جگہ اپنا نشیمن بنا کر آرام نہیں کرتا بلکہ وہ مسلسل حرکت و عمل میں رہتا ہے۔

فنی جائزہ :

اقبال کے فلسفیانہ انداز نے کئی پرانے الفاظ کو نئے معنیٰ دیے ہیں "شاہین" کو بھی اقبال نے عام تصور کے خلاف ایک نیا معنیٰ عطا کیا ہے۔ شاہین اقبال کا محبوب پرندہ ہے کیونکہ اس میں بعض ایسی صفات جمع ہو گئی ہیں جو اقبال کی مرکزی تعلیم سے ہم آہنگ ہیں۔ اسی لیے اقبال نے مختلف مقامات پر نوجوانوں کو اپنے اندر "شاہینی صفت" پیدا کرنے کا مشورہ دیا ہے۔ شاہین یعنی عقاب کے بارے میں عام لوگوں کا یہ خیال ہے کہ وہ ایک شکاری پرندہ ہے جو کمزور پرندوں کا شکار کرتا ہے لیکن اقبال کا شاہین بلند خیالی، دور بینی، جفا کشی، دلیری، خود داری اور خود اعتمادی کا پیکر ہے اور یہ تمام خصوصیات اسلامی فقر کی ہیں۔

مرکزی خیال :

پیشِ نظر نظم میں بھی اقبال نے شاہین کو بلند ہمتی ، درویشی اور جفاکشی کی تصویر بنا کر پیش کیا ہے ۔ اقبال کا خیال ہے کہ شاہین پرندوں کی دنیا کا درویش ہے ۔ اس لیے ایک کسی جگہ آشیانہ بنا کر نہیں رہتا بلکہ آسمان کی وسعتوں میں مائل پرواز رہتا ہے اور اس میں وہ ساری خصوصیات پائی جاتی ہیں جو ایک درویش کی شان ہوتی ہیں ۔

تلخیص :

اس نظم کا موضوع شاہین ہے ۔ اس لیے اقبال نے اسی کی زبان سے مختلف خیالات کا اظہار کیا ہے لیکن حقیقت یہ ہے کہ یہ تمام اشعار شاعر کے ہی نظریہ حیات کی ترجمانی کرتے ہیں ۔ اقبال یہ کہنا چاہتے ہیں کہ شاہین کی طرح ہمیں بھی اس خاندان سے علا حدگی اختیار کر لینی چاہیے جہاں رزق کے نام پر بغیر کسی محنت کے دانہ پانی مل جاتا ہے مگر اس کے لیے دوسروں کی مدد حاصل کرنے کے بجائے درویشی کی زندگی گزارنا اچھا ہے ۔ کیونکہ اس سے حرکت و عمل کی قوتیں بیدار رہتی ہیں اور عشق و محبت کی اداؤں میں پھنس کر یا رنگ و بو کے فریب میں مبتلا ہو کر دل و دماغ کاہلی اور سستی کا شکار نہیں ہوتے ۔

تبصرہ :

اقبال کے یہاں شاہین کی جو تصویر کشی ملتی ہے اس پر خاص طور سے یہ اعتراض کیا جاتا ہے کہ اقبال در پردہ فاشزم اور جارحیت کے حامی ہیں ۔ اسی نظم کا ایک شعر ہے ۔

جھپٹنا ، پلٹنا ، پلٹ کر جھپٹنا

لہو گرم رکھنے کا ہے اک بہانہ

کہا جاتا ہے کہ یہ جارحیت کی تعلیم ہے کیونکہ اس میں ایک طاقتور پرندے کے ذریعے دوسرے کمزور اور ناقابل دفاع پرندوں کو شکار کرنے کی تصویر پیش کی گئی ہے لیکن حقیقت یہ ہے کہ جس قوم کے قوائے عملیہ مردہ ہو چکے ہوں اور جس کی بے حسی حد سے تجاوز کر چکی ہوا ہے

مائل ہے عمل کرنے کے لیے اس سے بہتر اور کوئی پیغام نہیں ہوسکتا۔ پھر یہ کہ شاہین کا جھپٹنا اور پلٹ کر پھر جھپٹنا کسی لالچ کے تحت نہیں چونکہ پہلے شعر میں یہ وضاحت موجود ہے کہ وہ حمام و کبوتر کا بھوکا نہیں ہے۔ یہ تو محض جواں مردی اور جد و جہد کو قائم رکھنے کا ایک طریقہ ہے۔

اقبال نے شاہین کی صرف انھیں خصوصیات پر زور ڈالا ہے جو اسلامی فقر کی خصوصیات ہیں۔ مثلاً خود داری، جفا کشی، بلند ہمتی، استغنا وغیرہ۔ جس انسان میں یہ خصوصیات پیدا ہو جاتی ہیں وہ درویش بن جاتا ہے۔ اس کی نگاہ بڑی بلند، دل بے حد وسیع اور ہمت بے پناہ ہو جاتی ہے۔ شاہین بھی پرندوں کی دنیا کا درویش ہے گویا اقبال کا شاہین ان تمام صفات کا حامل ہے جو ایک مرد آزاد میں پائی جانی چاہئیں۔

نظم کے آخر میں شاہین کو پرندوں کی دنیا کا درویش کہا گیا ہے اور غور کیا جائے تو پتا چلتا ہے کہ نظم کے ابتدائی اشعار میں بتدریج درویشی کی مختلف خصوصیات بیان کرتے ہوئے بالاآخر ایک آخری صورت، ایک واضح شکل ہمارے سامنے پیش کر دی گئی ہے اس طرح نظم میں ربط و تسلسل ارتقاے خیال اور ترتیب و تنظیم کی خصوصیات پوری طرح موجود ہیں۔

یہ تو ظاہر ہے کہ "شاہین" ایک علامتی نظم ہے جس میں شاہین کو مرد غازی اور مرد درویش کی علامت کے طور پر استعمال کیا گیا ہے جو سخت کوش ہوتا ہے، با عمل ہوتا ہے، دنیا کی لذتوں سے بے نیاز ہوتا ہے۔ وسیع النظر ہوتا ہے اور قوت رکھنے کے باوجود زہد اختیار کرتا ہے۔ اقبال نے اپنی بہت سی دوسری نظموں میں بھی شاہین اور اس کی صفات کو استعارے کے طور پر استعمال کیا ہے۔

پروفیسر کلیم الدین احمد اور بعض دوسرے ناقدین نے اقبال کے شاہین کا مقابلہ و موازنہ ہوپکنس کی نظم "دی ونڈ ہوور" (The windhover) سے کیا ہے اور یہ ظاہر کرنے کی کوشش کی ہے کہ اقبال نے شاہین کے بیان میں تفصیل سے کام نہیں لیا اس لیے اس میں وہ بات نہیں پیدا ہو سکی جو ہوپکنس کے یہاں ہے۔ جیسا کہ ڈاکٹر عبدالمغنی نے اپنی کتاب "اقبال اور عالمی ادب" میں لکھا ہے۔ اقبال نے شاہین کا مطالعہ بے حد تفصیلی انداز میں کیا ہے لیکن وہ اس

کی صرف انھیں خصوصیات کو شاعری کا موضوع بناتے ہیں جن کی ضرورت ہے۔ ان کا مقصد شاہین کی تصویر کشی نہیں جو جزئیات سے بحث کریں۔ اس لیے اقبال کی نظم بہر حال زیادہ کامیاب کہی جا سکتی ہے۔

غزل ۔۱

مفہوم:

اقبال کہتے ہیں کہ جب انسان کے دل میں عشقِ الٰہی کا سچا جذبہ پیدا ہو جاتا ہے تو اس کی آہ و فغاں میں آسمانوں کا پردہ چاک کرکے براہِ راست حریمِ ذات (لامکاں) تک پہنچ جانے کی قوت پیدا ہو جاتی ہے اور جب اس کا رشتہ براہِ راست ''ذات'' یعنی خدا سے ہو جاتا ہے تو بت کدۂ صفات (عالم رنگ و بو) میں صفِ ماتم بچھ جاتی ہے۔ گویا اقبال یہ بتانا چاہتے ہیں کہ خدا کی ذات سے ملاقات کا شرف حاصل کرنا ہی انسان کا مقصدِ حیات ہونا چاہیے۔ لیکن عام طور پر ہم اپنی کم علمی کے سبب اصل چیز کو چھوڑ کر اس کے عکس کی طرف متوجہ ہو جاتے ہیں۔ اگر ہم عشق کی آگ اپنے دل میں پیدا کرلیں تو صفات کا پردہ اٹھا کر ذات تک پہنچ سکتے ہیں۔ اسی نکتے کو ''جواب شکوہ'' میں اقبال نے اس طرح کہا تھا۔

دل سے جو بات نکلتی ہے اثر رکھتی ہے   پر نہیں طاقتِ پرواز مگر رکھتی ہے
قدسی الاصل ہے، رفعت پہ نظر رکھتی ہے   خاک سے اٹھتی ہے، گردوں پہ نظر رکھتی ہے
عشق تھا فتنہ گرو سرکش و چالاک مرا
آسماں چیر گیا نالۂ بے باک مرا

جب انسان کے دل میں عشقِ الٰہی کا جذبہ موجزن رہتا ہے اس کی قوتِ متخیلہ اس قدر

وسیع، بلند اور تیز ہو جاتی ہے کہ حور اور فرشتہ مادی وجود نہ رکھنے کے باوجود اس کے تخیل میں موجود رہتے ہیں اور اس کی نگاہ مظاہرِ قدرت میں موجود خدا کی تجلیات کا پردہ چاک کرکے ذات کا عرفان حاصل کر لیتی ہے۔ گویا جو انسان خدا کی ذات کا عاشق ہوتا ہے اس کے لیے حوروں اور فرشتوں کا وجود کوئی اہمیت نہیں رکھتا۔ مخلوقِ خدا میں جلوہ نما خدا کے نور کا پردہ ہٹا کر وہ ذاتِ الہی کا قرب حاصل کرتا ہے اس طرح گویا تجلیاتِ الہی میں خلل پیدا ہو جاتا ہے۔

انسان کی قوتِ جستجو، جسے ہم عقل بھی کہہ سکتے ہیں خدا کی تلاش میں دیر و حرم، مسجد اور مندر کا فرق ملحوظ رکھتی ہے لیکن عشق اس پابندی اور قید سے بے نیاز ہے۔ اس کا تصور مقامات کا پابند نہیں ہے۔ وہ ہر جگہ خدا کا جلوہ دیکھتا ہے اس لیے وہ کعبہ اور سومنات کی قیود سے بے نیاز ہو کر ہر مقام پر خدا کو یاد کرتا ہے اور اس سے نالہ و فریاد کرتا ہے۔ یعنی عقل ہی وہ شے ہے جو آپس میں اختلاف پیدا کرتی ہے اور خدا کی جستجو کے لیے مختلف طریقے ایجاد کرکے ایک کو دوسرے پر فوقیت دیتی ہے۔ لیکن عشق ان باتوں سے زیادہ بلند ہے وہ ہر جگہ جمالِ یار دیکھتا ہے۔ کعبہ ہو یا سومنات، حرم ہو یا دیر، عاشق کی نگاہ اسے خدا کی صفات کا مظہر سمجھتی ہے اور اس کا مقصد چونکہ ذاتِ الہی کا حصول ہے اس لیے ان مقامات کی بحث میں نہیں الجھتی بلکہ ہر جگہ خدا کو موجود پاتی ہے۔ گویا ذاتِ الہی تک پہنچنے کے لیے عشق کی رہبری سے زیادہ فائدہ ہو سکتا ہے۔ عقل کی رہبری میں چلنے سے گمراہی اور اختلاف کا امکان ہے۔

اقبال کہتے ہیں کہ انسان پر دو مختلف کیفیات طاری ہوتی ہیں کبھی تو وہ اپنے ہی پیدا کردہ توہّمات اور شکوک و شبہات میں الجھ کر رہ جاتا ہے اور کبھی اس کی نگاہ پوری کائنات پر حاوی ہو جاتی ہے۔ یہاں پر توہّمات کا لفظ ظاہر کرتا ہے کہ انسان جب عقل کے پیدا کردہ وہم، شک یا اختلاف میں الجھ کر رہ جاتا ہے تو وہ سمٹ کر رہ جاتا ہے کیونکہ

فلسفی کو بحث کے اندر خدا ملتا نہیں
ڈور کو سلجھا رہا ہے اور سرا ملتا نہیں

لیکن یہی انسان جب عشق کی رہبری قبول کرتا ہے تو کائنات کی ساری حقیقتیں اس پر

ظاہر ہو جاتی ہیں ۔کیونکہ عشقِ الٰہی کا براہِ راست تعلق روحانیت سے ہے اور عقل کے ماضی تصور کے مقابلے میں عشق کا تصور روحانی ہے ۔

آخری شعر میں اقبال نے اس نکتہ کا اظہار کیا ہے کہ اس وسیع و عریض کائنات میں ویسے تو ساری چیزیں نورِ الٰہی کا اظہار کرنے والی ہیں لیکن انسان اس کی ذات کا سب سے انفرادی اور اعلا ترین مظہر ہے ۔ شعر میں گرچہ اس حیرت کا اظہار کیا گیا ہے کہ اے خدا! تو نے یہ کیا کیا جو انسان کی ہستی کو ظاہر کر دیا ہے ۔ یہی تو کائنات کے دل میں ایک راز بچا ہوا تھا ۔ لیکن حقیقت یہ ہے کہ اقبال نے انسان کو خدا کا راز قرار دیا ہے ۔ گویا انسان خدا کی صفات کا سب سے بہتر نمونہ ہے اور خدا کی تلاش کا سب سے آسان طریقہ خود اپنی ذات کا عرفان ہے ۔

پہلی غزل کے سلسلے میں چند اہم نکات :

یہ تمام اشعار عشقِ الٰہی کے رنگ میں ڈوبے ہوئے ہیں اور ان میں ایک والہانہ جذبات نگاری پائی جاتی ہے ۔ لیکن اقبال نے ہر جگہ عشق کو عقل پر فضیلت دی ہے ۔

اقبال کا نظریہ یہ ہے کہ حقیقی وجود صرف ایک ہی ہے جو ذاتِ الٰہی ہے ۔ دنیا کی ہر چیز میں اسی کا عکس اور پرتو ملتا ہے ۔ اقبال کے خیال سے یہ کائنات موہوم نہیں ہے بلکہ موجود ہے لیکن اس کا وجود حقیقی نہیں بلکہ ظلّی ہے ۔ اقبال کا یہ نظریہ وحدت الوجود کے روایتی نظریات سے مختلف ہے اور اسی کو انھوں نے پیشِ نظر غزل میں ظاہر کیا ہے ۔

اس غزل کا ہر شعر استعارہ کے حسنِ استعمال سے بے حد خوبصورت ہو گیا ہے ۔ ''حریمِ ذات'' اور ''بت کدہ صفات'' کے ٹکڑے ایک طرف تو شعر کو تغزل عطا کرتے ہیں اور دوسری طرف ذاتِ الٰہی کی حقیقت اور صفاتِ الٰہی کے مجاز پر بھی روشنی ڈالتے ہیں ۔

اس غزل میں بڑا تسلسل ہے اور ہر شعر ایک دوسرے سے اس قدر مربوط ہے کہ دوسرا شعر پہلے شعر کے معنی کو مزید واضح کرتا جاتا ہے ۔ غزلوں کی یہ خصوصیت پروفیسر کلیم الدین احمد کی نگاہ میں بے حد پسندیدہ ہے ۔

غزل ۔ ۲

مفہوم:

اقبال خدا سے مخاطب ہو کر کہتے ہیں کہ اے خدا! اگر آسماں پر ستارے ایک قطار میں نہیں ہیں اگر ان کی رفتار میں کجی اور ٹیڑھا پن ہے تو اس میں مجھے پریشان ہونے کی کوئی ضرورت نہیں کیونکہ یہ آسمان تیرا ہے یا میرا؟ اسی طرح اگر دنیا میں کوئی غلط کام ہو رہا ہے اور نظامِ جہاں گڑبڑ ہے تو مجھے اس کی فکر کرنے کی کیا ضرورت ہے؟ ظاہر ہے کہ یہ دنیا تیری ہے یا میری؟ یہاں پر اقبال نے سوالیہ انداز اختیار کر کے دراصل اس حقیقت کا اثبات کیا ہے کہ یہ دنیا خدا کی بنائی ہوئی ہے اور وہی اس کا مالک ہے۔ انسان کا اس میں کوئی دخل نہیں کہ کاروبارِ جہاں کس طرح چل رہا ہے۔ یہاں دراصل ”انجم“ سے بھی اقبال نے انسان ہی کے لیے استعارہ کیا ہے اور آخری شعر تک پہنچ کر یہ بات واضح ہو جاتی ہے کہ وہی کج روا نجم جس کا ذکر پہلے شعر میں ہے دراصل اس کائنات کی رونق کا سبب ہے۔

اقبال دوسرے شعر میں کہتے ہیں کہ اگر لامکاں میں، یعنی آسمانوں پر عشق کی کارفرمائیاں اور اس کی پیدا کردہ ہلچل نظر نہیں آتی تو اس میں انسان کا کوئی قصور نہیں کیونکہ عالم مکاں یعنی دنیا میں تو خواہ محدود تعداد میں ہی سہی لوگ تیرے عشق میں ہنگامہ ہائے شوق برپا کرتے رہتے ہیں لیکن لامکاں کے رہنے والوں یعنی فرشتوں کو تو نے عشق کا جذبہ عنایت نہیں

کیا اس لیے وہاں کوئی ہنگامہ شوق برپا نہیں ہوتا۔اس میں انسانوں کی مرضی کا کوئی دخل بھی نہیں چونکہ تو نے کائنات بنائی ہے، مکاں اور لامکاں کی تخلیق کی ہے۔ تو نے جسے چاہا عشق کے جذبے سے لبریز کیا اور تو نے جہاں چاہا ہنگامہ شوق بلند ہوا۔ بہر حال تو نے انسانوں کو جذبہ عشق سے آشنا کر کے فرشتوں سے بلند تر مقام دیا ہے کیونکہ وہ تیرے عشق کا اظہار مختلف طریقوں سے کرتے رہتے ہیں۔ جب کہ فرشتے صرف بتائے ہوئے طریقے سے عبادت میں مشغول ہیں۔

اقبال کہتے ہیں کہ خدایا! تیری مشیّت میں انسان کا کوئی دخل نہیں۔ تیرے راز سے کوئی پردہ بھی نہیں اٹھا سکتا۔ ابلیس کو جب تو نے روزِ ازل آدم کو سجدہ کرنے کا حکم دیا اور اس نے انکار کر دیا تو اس میں انکار کی جرأت بھی تیری ہی مرضی سے پیدا ہوئی۔ اگر تو نہیں چاہتا تو وہ ایسا نہیں کر سکتا تھا۔ لیکن یہ تیری ہی مشیّت کا تقاضا تھا کہ دنیا میں اولادِ آدم کے ساتھ ساتھ ابلیس کی ذات بھی موجود رہے اور خیر و شر کا تصادم رونق کائنات کا سبب بنے۔ ابلیس نے کیوں سجدہ کرنے سے انکار کیا، اس کی اس حرکت کا مقصد کیا ہے، یہ ایسی باتیں ہیں جن سے تو ہی پردہ اٹھا سکتا ہے۔ دراصل ابلیس کی ہستی بھی خدا کا ایک راز ہی ہے لیکن انسان کو اس کی حقیقت جاننے کے بجائے اس سے بچنے کی ضرورت ہے۔

اقبال کہتے ہیں کہ اے خدا حضرت محمدؐ بھی تیرے ہیں۔ جنابِ جبریلؑ بھی اور قرآن پاک بھی، لیکن یہ ''حرفِ شیریں''، یعنی جذبہ عشق بھی تو تیرا ہی پیدا کردہ ہے۔ یعنی محمدؐ، جبریلؑ اور قرآن سبھی تیرے احکام ہم تک لائے ہیں اور تیری ترجمانی کرتے ہیں۔ مگر یہ جذبہ عشق بھی تو تیرا ہی ترجمان ہے اور یہ جذبہ ہی ہمیں تیرے احکام پر عمل کرنے کا ذوق و شوق عطا کرتا ہے۔

اے خدا یہ دنیا بنی نوع آدم کے دم سے ہی آباد ہے۔ اسی کی سرگرمیوں، اسی کی غلطیوں اور عبادت گزاریوں سے یہ ہنگامہ سوز و ساز ہے اور تیری بنائی ہوئی دنیا میں رونق ہے۔ یہی وہ ستارہ ہے جس کے دل میں تیرے عشق کی آگ روشن ہے اور اس کی روشنی سے دنیا منور ہے۔ اس لیے اے خدا اس انسان کا گمراہ ہونا، زوال پذیر ہونا یا تباہ و برباد ہونا صرف اسی کے لیے نقصان دہ نہیں بلکہ تیرے لیے بھی ہے۔ اے خدا تیری دوسری مخلوقات گرچہ تیری عظمت کا

اعتراف واظہار کرسکتی ہیں لیکن وہ تیرے جذبۂ عشق کااظہار نہیں کرسکتیں اس لیے بنی آدم کو اپنے عذاب سے محفوظ رکھ اور اسے ارتقا کی راہ پرگامزن کر دے ۔

دوسری غزل کے سلسلے میں چند اہم نکات :

یہ غزل ایک غزل مسلسل ہے کیونکہ اس کے ہر شعر میں خدا سے براہِ راست خطاب کیا گیا ہے اور تمام اشعار ایک دوسرے سے مربوط بھی ہیں ۔

اس غزل کی ردیف قابلِ غور ہے ۔"تیرا ہے یا میرا؟" سے بظاہر ایک سوال سامنے آتا ہے جو شک کا نتیجہ کہا جاسکتا ہے لیکن دراصل اس ردیف میں خدا کی عظمت کا اعتراف ہے ۔ شاعر یہ کہنا چاہتا ہے کہ خدا کا ہر کام کسی نہ کسی بہتری کے لیے ہوتا ہے ۔ مشیتِ ایزدی میں دخل دینے کی کوشش انسان کے لیے بے کارِ محض ہے کیونکہ انسان تو اپنی محدود دعقل سے ہی کسی شے پر نظر ڈالتا ہے ۔ جب کہ خالق کائنات تمام پہلوؤں سے واقفیت رکھتا ہے ۔ اس لیے"تیرا ہے یا میرا" کا سوالیہ نشان یہ ظاہر کرتا ہے کہ یہ آسمان، یہ زمین، یہ مکان اور لامکاں سب کچھ خدا کا ہے اور وہی علیم و بصیر ہے ۔

اس غزل میں استعاروں سے بھی کام لیا گیا ہے ۔ مثلاً پہلے شعر کے پہلے مصرع میں ستاروں کی کجروی سے انسان کی گمراہی مراد لیا ہے ۔ اسی لیے دوسرے مصرع میں"فکرِ جہاں" کا ذکر آیا ہے ۔ عشق کے لیے"حرفِ شیریں" کا استعمال اقبال نے اور بھی کئی جگہ کیا ہے ۔ بعض تلمیحات کا بھی منظر دیدہ زیب ہے ۔ مثلاً ۔

اسے روزِ ازل انکار کی جرأت ہوئی کیونکر

غزل میں فلسفہ اور شعریت کا خوبصورت امتزاج ہے اور ردیف نے ایک بالواسطہ اندازِ بیان پیدا کر کے اشعار میں جان ڈال دی ہے ۔

غزل ۔ ۳

مفہوم :

اقبال خدا سے مخاطب ہو کر کہتے ہیں کہ اے خدا تو اپنی تجلیات کو اور بھی زیادہ شدت سے اپنی صفات میں ظاہر کرتا کہ میرے عقل و شعور اور قلب و نظر پر سوائے تیرے اور کسی کا نقش نہ ہو ۔ اقبال نے اسی شعر کو فارسی میں اس طرح لکھا ہے کہ

فرصتِ کش مکش مدہ ایں دلِ بے قرار را

یک دو شکن زیادہ کن گیسوے تاب دار را

مطلب یہ ہے کہ عشق کا جذبہ ارتقاے خودی و زندگی کے لیے ضروری ہے اور اس جذبہ کے شدید اور قوی تر ہونے کے لیے ضروری ہے کہ تجلیاتِ الٰہی ہر لمحہ آب و تاب سے سامنے سے آتی رہیں تا کہ عاشق ہمیشہ مبتلائے عشق رہے اور وہ خدا کے علاوہ ہر شے سے بیگانہ نہ ہو جائے ۔

دوسرے شعر میں اقبال کہتے ہیں کہ اے خدا! یہ مناسب نہیں معلوم ہوتا کہ حسن بھی پردہ میں رہے اور عشق بھی، اس لیے یا تو تیرا حسنِ ازل آشکار ہو جائے یا پھر مجھے ظاہر کر دے ۔ یہاں مجازِ مرسل کی صنعت استعمال کی گئی ہے ۔ اقبال جانتے ہیں کہ خدا جو حسنِ ازل ہے وہ مجسم نہیں ہو سکتا ۔ اس لیے وہ چاہتے ہیں کہ ان کے دل میں جو ذاتِ الٰہی کا عشق ہے وہی دنیا میں کچھ ایسا کام انجام دے کہ دنیا پر ظاہر ہو جائے ۔ اقبال نے ویسے بھی حسنِ ازل کو حقیقت منتظر کہہ کر

اس کی ماضی نگاہوں پر آشکار ہونے کی تمنا کی ہے۔

تیسرے شعر میں ''محیطِ بے کراں'' سے عظمتِ خداوندی ظاہر کی گئی ہے اور آب جو سے انسان کی نارسائی۔ اس کے پہلے مصرع میں استعارہ اور دوسرے مصرع میں استعارہ بالکنایہ کی صنعت پائی جاتی ہے۔ انسان کی ذات کے لیے آب جو اور خدا سے برتر کی بے پناہ ذات کے لیے محیطِ بے کراں سے استعارہ کیا گیا ہے۔ دوسرے مصرعے کے دونوں ٹکڑے گرچہ دو مختلف معنیٰ رکھتے ہیں مگر دونوں کا نتیجہ ایک ہی ہے۔ خدا کی وسیع ہستی کے آگے شاعر ایک چھوٹی سی نہر کی حیثیت رکھتا ہے اس لیے وہ خدا سے دعا کرتا ہے کہ یا تو مجھے اپنی ذات میں کم کر لے یا مجھ میں اپنی صفتیں پیدا کر کے بیکراں کر دے۔ دونوں ہی صورتوں میں شاعر کی ہستی عظیم ہو جائے گی۔ مگر پہلی صورت اقبال کے نظریہ خودی سے مماثلت نہیں رکھتی اس لیے دراصل وہ اپنے اندر صفاتِ الٰہی پیدا کر کے مردِ مومن بننا چاہتے ہیں۔

چوتھے شعر میں اقبال نے خالق اکبر سے یہ تمنا کی ہے کہ وہ ایک کم حیثیت انسان کو خودی کا اعلیٰ ترین مظہر بنا دے۔ کہتے ہیں یا خدا! اگر میں صدف (وہ سیپ یا گھونگھا جس سے موتی نکلتا ہے) ہوں تو میرے موتی کی آبرو تیرے ہاتھ میں ہے۔ گویا اگر مجھ میں کوئی خوبی ہے تو اسے قائم رکھ اور اگر میں خزف (ٹھیکری) ہوں یعنی بے وقعت ہوں تب بھی تو مجھے اپنی قدرت سے گوہرِ شاہوار (خودی کا اعلیٰ ترین مظہر) بنا دے۔ یہاں خزف کا لفظ اپنی کم حیثیتی کے لیے استعارے کے طور پر استعمال کیا گیا ہے۔

پانچواں شعر کنایات سے بھرا ہے۔ اقبال کہتے ہیں کہ اگر نغمہ نو بہار (اسلام کا نیا عروج) دیکھنا میری قسمت میں نہ ہو تو کم از کم بہار کی آمد کے آثار ہی اپنی آنکھوں سے دیکھ لوں تاکہ یہ خبر اپنی امت تک پہنچا سکوں۔

اقبال چھٹے شعر کے پہلے مصرع میں جنت سے آدم کے اخراج کی طرف اشارہ کرتے ہوئے کہتے ہیں کہ اے خدا! جب تو نے مجھے دنیا میں بھیج دیا ہے تو میں یہاں کے کاموں میں الجھ گیا ہوں۔ اب تو جب دنیا کا کام ختم ہو گا تب ہی میں واپس تجھ سے ملاقات کے لیے آ سکتا ہوں۔

کارِ جہاں دراز ہے۔ دراصل اشارہ ہے تسخیرِ کائنات کے اس طویل عمل کی طرف جواب بھی جاری ہے۔

اے خدا! میں تیرا عاشق ہوں، پھر بھی ایک گناہ گار بندہ ہوں۔ اس لیے بہتر یہی ہے کہ قیامت کے دن تو میرے گناہوں کا حساب نہ لے ورنہ میرے نامۂ اعمال کو سیاہ دیکھ کر تجھے بھی اسی طرح شرمسار ہونا پڑے گا جس طرح ایک عاشق کی بدحالی پر اس کا معشوق اظہارِ پشیمانی کرتا ہے۔

چند اہم نکات :

(۱) اس پوری غزل میں مجاز کا بھی رنگ ہے اور حقیقت کا بھی۔ مگر آخری دو اشعار کے سبب اسے بہ آسانی عشقِ حقیقی کا آئینہ دار کہا جا سکتا ہے۔

(۲) ابتدائی دو اشعار میں بھرپور تغزل ہے۔

(۳) اس غزل کے اشعار میں نیاز کے ساتھ ساتھ ناز کا بھی رنگ پایا جاتا ہے۔ اقبال اپنے معشوقِ حقیقی یعنی خدا سے مخاطبت میں قدرے شوخی اور ناز سے کام لیتے ہیں۔

(۴) مختلف اشعار میں خوبصورت شعری صنعتوں کے علاوہ تشبیہات، استعارات اور کنایات کی فراوانی ہے۔

غزل ۔ ۴

مفہوم:

مطلع میں اقبال نے انسان کی مجبوری اور آزادی کا ایک خوبصورت نقشہ کھینچا ہے ۔ وہ خدا سے مخاطب ہو کر کہتے ہیں کہ میں ایک بندۂ آزاد ہوں، اس بات کا قطعی خواہاں نہیں کہ تو میری درخواست سن کر کچھ عنایت فرما ۔ لیکن کم از کم میری فریاد سننے کی زحمت گوارا کر لے شاید تجھ پر میری فریاد کا کچھ اثر ہو جائے ۔ اس شعر میں ایک لطیف نکتہ یہ ہے کہ اقبال کے دل سے جو بات نکلی ہے اس کے اثر انگیز ہونے کا انھیں یقین ہے اس لیے وہ صرف اپنی بات کے سن لیے جانے کی دعا کرتے ہیں ۔ انھیں یقین ہے کہ خدا نے دعا سن لی تو اسے قبول بھی ضرور کرے گا۔

اقبال کہتے ہیں کہ اس دنیا میں انسان کی حیثیت ایک مٹھی خاک سے زیادہ نہیں وہ آسمانوں کی وسعتوں میں ہر لمحہ رونما ہونے والے حادثات کے طوفان کا مقابلہ کس طرح کر سکتا ہے ۔ ظاہر ہے کہ خدا نے انسان کو پیدا کر کے اس پر ستم کیا ہے یا کرم، یہ سوال اکثر دانشوروں کے ذہن میں چٹکیاں لیتا رہتا ہے ۔ اقبال بھی شاعرانہ شوخی سے کام لیتے ہوئے جذبات انسانی کی ترجمانی کرتے ہیں ۔ مگر ان کا مقصد خدا کو انسان کی بے چارگی، بے بسی اور مجبوری کی طرف توجہ دلا کر اس کی مدد حاصل کرنا ہے تا کہ طوفانِ حوادث کا آسانی سے مقابلہ کیا جا سکے ۔

دوسرے شعر کے خیال کو آگے بڑھاتے ہوئے اقبال پھر خدا سے شکوہ کرتے ہیں کہ کہ

اے خدا انسانی زندگی کس قدر ناپائدار ہے ۔ حادثات کا ہلکا سا جھونکا اس کی امیدوں کے پھول کو مرجھا دیتا ہے ۔ یا خدا یہ کیسی بہار ہے، یہ کیسی مرادوں کو پورا کرنے والی ہوا ہے جس میں مرادیں ناکام ہو جاتی ہیں ۔

اس شعر میں اقبال نے انسان کی عظمت واضح کی ہے ۔ کہتے ہیں کہ انسان گر چہ اپنے اصل وطن یعنی بہشت سے نکلا ہوا ہے اور خدا کی نگاہوں میں قصوروار ہے لیکن اس حقیقت سے انکار ممکن نہیں کہ یہ دنیا بنی نوع آدم کے دم سے ہی آباد ہے ۔ اے خدا تیری وہ دنیا جس سے انسان کو اس کے قصور کی بنیاد پر نکال دیا گیا تھا آج انسان کو دعائیں دیتی ہے کہ اس کی جفاطلبی اور درد کھ درد جھیلنے کی خواہش نے ایک نئی دنیا کو آباد کیا اور رونق بخشی ۔

چھٹا شعر بھی گر چہ ابتدائی اشعار سے مربوط ہے مگر اس میں اقبال نے ایک آفاقی حقیقت بھی بیان کر دی ہے ۔ اقبال کہتے ہیں کہ وہ طبیعتیں جن کی فطرت میں خطروں کا مقابلہ کرکے ان پر فتح پانے کی لذت ظاہر ہو جاتی ہے وہ کسی ایسے باغ میں رہنا پسند نہیں کرتیں جہاں صیاد نہ ہو ۔ شاید اسی لیے آدم نے عالم ملکوتی کو خیر آباد کہنے کے بعد وہاں جانا پسند نہ کیا ۔ دراصل اقبال کی بنیادی تعلیم یہ ہے کہ عشقِ الٰہی انسان کو خطروں سے مقابلہ کرنے کا حوصلہ دیتا ہے اور اس مقابلے سے ہی زندگی معراجِ کمال کی طرف بڑھتی جاتی ہے ۔ اسی لیے اقبال نے اکثر اپنا جہاں آپ تعمیر کرنے کی خواہش ظاہر کی ہے اور ایسے مقامات اسے پسند نہیں جہاں مصیبتوں یا خطروں کا سامنا نہ کرنا پڑے ۔

اقبال کا خیال ہے کہ عشقِ الٰہی کا عطا کردہ ذوق و شوق ہی انسان کو خطرات کا مقابلہ کرکے ان پر غالب آنے اور تربیتِ خودی کا موقع فراہم کرتا ہے چونکہ یہ جذبہ صرف بنی نوع آدم کو ہی حاصل ہے اس لیے اس کا مقام فرشتوں سے بھی زیادہ بلند ہے ۔

چند اہم نکات :

(١) اس غزل میں لہجہ شوخ ہے اور فرشتوں پر انسان کی برتری ثابت کی گئی ہے ۔

(۲) اس غزل میں رمز و ایماء سے کام لے کر اقبال نے بڑا پُر اثر حسن پیدا کر دیا ہے۔

(۳) دوسرے شعر میں بنی نوع آدم کی حالتِ زار بے حد بلاغت کے ساتھ استعاروں کی مدد سے واضح کی گئی ہے۔

غزل ۔ ۵

مفہوم:

اقبال نے مطلع کے دو مصرعوں میں انسانی زندگی کی بے ثباتی بھی پیش کی ہے اور عشق کی کیفیت بھی۔ اقبال کہتے ہیں کہ اللہ کی ذات پائیدار ہے اور انسان کی زندگی چونکہ مستعار ہے اس لیے انسان خدا سے عشق کا حق نہیں ادا کر سکتا۔ کیا پتا کہ خدا کب اپنی بخشی ہوئی زندگی واپس مانگ لے، انسان کو موت آ جائے اور خدا سے اس کا عشق منزل پر پہنچنے سے پہلے ہی دم توڑ دے۔ ظاہر ہے کہ ایسے عشق میں نہ تو انتظار کی تپش ہوتی ہے اور نہ ہجر مسلسل کی لذت۔ انسان کی ہستی بے حد مختصر ہے جیسے ایک لمحہ کے لیے بجلی سی چمک جائے۔ اس لیے انسان (شرر) کا خدا (شعلہ) سے دل لگانا بے کار ہے۔

چوتھے شعر میں ابتدائی تین اشعار کے تمہیدی بیان کا ماحصل سامنے آتا ہے۔ اقبال خدا سے دعا کرتے ہیں کہ جس طرح وہ غیر فانی ہے اسی طرح انسان کو جاودانی عطا فرما دے۔ تبھی خدا سے انسان کی محبت کا صحیح منظر سامنے آ سکتا ہے۔ اقبال کے بارے میں پہلے بھی یہ بات ظاہر ہو چکی ہے کہ وہ خدا کے عشق میں مستقل جلتے رہنے کو حاصل زندگی سمجھتے ہیں۔ اسی لیے بھی دلِ بے قرار کو فرصت نہ دینے کی دعا کرتے ہیں اور کبھی گیسوے تابدار کو مزید تابدار دیکھنا چاہتے ہیں۔ یہاں بھی وہ ایک ایسے درد کی آرزو کرتے ہیں جو لا زوال ہو۔

چند اہم نکات :

(۱) ابتدائی چار غزلوں کے برعکس اس غزل میں شوخی، ناز اور طنز و تعلّی کی جگہ عاجزی اور انکساری کا رنگ ملتا ہے ۔ اس کا انداز خالص دعائیہ ہے ۔

(۲) اس غزل کے اشعار میں گرچہ خدا سے دعا مانگی گئی ہے مگر ایک قابلِ غور نکتہ بھی سامنے آیا ہے ۔ یعنی خدا کی لازوال ہستی سے ناپائیدار انسان محبت کرے بھی تو کیسے اور کب تک؟

(۳) تشبیہہ، استعارہ اور کنایہ کا استعمال یہاں بھی ہوا ہے ۔ پہلا شعر مجازِ مرسل کی مثال ہے ۔ دوسرے میں استعارہ بالکنایہ کا رنگ ہے ۔ تیسرے شعر میں استعاروں سے حسن پیدا کیا گیا ہے ۔

غزل ۔ ۶

مفہوم:

اقبال کہتے ہیں کہ عشق میرے رگ و پے میں موجود ہے اس لیے اگر میں مر بھی جاؤں تو اس بات کا اندیشہ ہے کہ سراپا عشق ہونے کے سبب میری خاک پھر دل کی شکل اختیار کرے گی اور میں دوبارہ عشق میں مبتلا ہو جاؤں گا گویا شاعر یہ کہنا چاہتا ہے کہ وہ مر کر بھی عشق کی کیفیت سے آزاد نہیں ہو سکتا۔

اقبال کہتے ہیں کہ اگر میں جنت الفردوس میں گیا تو میرے دل کا سوزِ عشق وہاں بھی ہنگامہ برپا کرنے کا سبب بنے گا۔ اس کی وجہ یہ ہے کہ حوروں کے حسن سے میرے جذبۂ عشق کی سیری نہ ہوگی اور وہ حسنِ ازل کی تلاش اور زیادہ کرے گا۔

اقبال کہتے ہیں کہ سفر کے دوران بہت سے مقامات ایسے آتے ہیں جن سے گزر کر آگے بڑھ جانے کے بعد وہ بار بار یاد آتے ہیں لیکن اس یاد کو "غمِ منزل" نہیں بننا چاہیے کیونکہ اگر ایسا ہوا تو اس کے سفر میں خلل واقع ہو سکتا ہے اور وہ اپنی اصلی منزل سے غافل بھی ہو سکتا ہے۔ یہاں سفر سے مراد سالک کا سفر ہے جو اللہ کی راہ میں ہوتا ہے۔ یہاں چھوڑی ہوئی منزل سے مراد جنت بھی ہو سکتی ہے اور "راہی" ظاہر ہے کہ آدم ہے جس کے دل میں جنت سے نکالے جانے کی کھٹک موجود ہے۔

اقبال کہتے ہیں کہ عشق نے مجھ کو ایک بے کراں دریا بنا دیا ہے ۔ یعنی عشقِ الٰہی میں مبتلا ہو کر میں بھی اسی طرح مُحمل بے کنار ہو گیا ہوں ۔ لیکن اپنی ذات کی طرف میرا یہ التفاتِ خود نگہہ داری کہیں مجھے ساحل نہ بنا دے ۔ یعنی میری وسعت کہیں گھٹ نہ جائے ۔

یہاں ''افسانۂ دنبالۂ مُحمل'' تلمیح ہے ۔ تلمیح اس شعری صنعت کو کہا جاتا ہے جس میں کسی مشہور واقعے کی طرف اشارہ ملتا ہے ۔ یہاں بھی ایک مشہور واقعے کی طرف اشارہ ہے ۔ ایک بار مجنوں نے اپنا ایک قاصد لیلیٰ کے پاس بھیجا لیکن خود بھی بہت دور تک مُحمل کے ساتھ ساتھ باتیں کرتا ہوا چلا گیا کہ جب تم لیلیٰ سے ملنا تو یہ کہنا اور وہ کہنا ۔ اس کا یہ عمل جذبۂ عشق کی بے اختیاری کا نتیجہ تھا ۔ اقبال اس شعر میں اسی واقعہ کی طرف اشارہ کرتے ہوئے کہتے ہیں کہ اس عالم بے رنگ و بو یعنی جنت میں میری طلب بھی عشق مجازی کے اسی واقعے کی مثال نہ بن جائے ۔ اقبال نے جنت کو عالم بے رنگ و بو شاید اس لیے کہا چونکہ وہ گرمی عمل سے خالی ہے ۔

آخری شعر میں اقبال نے فکر اور فلسفہ کا خوبصورت امتزاج پیش کیا ''ٹوٹا ہوا تارہ'' سے مراد حضرت آدم اور اولادِ آدم ہے ۔ انجم سے مراد آسمان کے رہنے والے ہیں یعنی فرشتے ۔ اقبال کہتے ہیں کہ آدم کو جب جنت سے نکالا گیا تھا تو فرشتے یہ نہیں سمجھے تھے کہ وہ اس قدر ترقی کر جائے گا ۔ لیکن اب جو انسان نے اس قدر ترقی کر لی ہے اور عشقِ الٰہی کی بدولت اپنے مقامات بلند کرتا جا رہا ہے تو فرشتوں کے پُر خوف سے جلنے لگے ہیں کہ یہ مٹی سے بنا ہوا آدم کہیں ہم سے بھی زیادہ بلند ہو کر خلافتِ الٰہیہ پر نہ فائز ہو جائے ۔

غزل ۔ ۷

مفہوم:

اقبال نے مطلع میں انتہائی بلاغت کے ساتھ موجودہ زمانے پر روشنی ڈالی ہے جب تمام واقعات انتہائی تیزی کے ساتھ بدل رہے ہیں اور ہر ذرہ کے دل میں قیامت کا سا ہنگامہ برپا ہے۔ اقبال خدا سے مخاطب ہو کر اس صورتِ حال کو فریاد کے طور پر پیش کرتے ہیں۔ تاروں کی گردش کا تیز ہونا استعارہ ہے دنیا کی صورتِ حال، تیزی سے بدلنے کے لیے اور ہر ذرہ کے دل میں غوغا ے رستاخیز ہے، استعارہ بالکنایہ ہے۔

دوسرے شعر میں اقبال مسلمانوں کی زبوں حالی کا تذکرہ کرتے ہیں۔ وہ اللہ سے فریاد کناں ہیں کہ جو لوگ تیرے پرستار تھے ان میں اب بھی نہ تو جذبہ عشق رہا اور نہ عقل۔ یہ سب کس کا فردا کا غمزہ ہے جس نے ان اللہ والوں کی دینی روایتوں کا خون کر دیا ہے؟ دراصل اقبال جانتے ہیں کہ کن لوگوں نے اللہ والوں پر اپنے اثرات چھوڑے ہیں۔ مگر وہ شعر میں حسن پیدا کرنے کے لیے تجاہلِ عارفانہ سے کام لیتے ہیں۔

اقبال کہتے ہیں کہ اے خدا! مسلمانوں کا مرض کوئی نیا نہیں ہے۔ یہ بیماری بہت پرانی ہے۔ ان کے دل میں ایمان اور یقین کی کمی ہے اور یہی ساری برائیوں کا سبب ہے۔ اس کا علاج سوا اس کے کچھ نہیں کہ انھیں جذبہ عشق سے سرشار کر دے تا کہ وہ یقینِ محکم کی دولت

سے مالا مال ہو سکیں۔

اے خدا! تیری ہستی کا جلوہ دنیا کی ہر شے میں موجود ہے۔ مگر یہ نمایاں نہیں ہے بلکہ حجاب آمیز ہے۔ پردوں میں پوشیدہ ہے اس لیے اہلِ حرم یعنی تیرے عاشق مسلمانوں کے دل میں سوزِ آرزو نہیں پیدا ہوتا اس لیے اپنے جلووں کو کچھ زیادہ شدت سے آشکار کر   ع

گیسوے   تابدار   کو   اور   بھی   تابدار   کر

اے خدا اگر چہ وہی مٹی اور ہوا اب بھی ایران میں باقی ہے مگر کوئی "رومی" جیسی شخصیت پیدا نہیں ہوتی جو مسلمانوں کو عقل کے ساتھ ساتھ عشق کی رہنمائی قبول کرنے کا درس دے ۔ یہاں اس خواہش کا اظہار ہے کہ اے خدا! مسلمانوں میں پھر کوئی رومی پیدا کر دے ۔

بہر حال مسلمانوں کی ان تمام بد حالیوں کے باوجود اقبال ان کی طرف سے ناامید نہیں ہیں چونکہ انھیں خدا کی ذات پر یقین ہے۔ وہ کہتے ہیں کہ گر چہ مسلمانوں کی کھیتی ویران ہو چکی ہے لیکن اس کی مٹی بہت زرخیز ہے۔ بس مسلمانوں کے دل میں عشقِ الٰہی اور عشقِ رسولؐ کا تھوڑا سا جذبہ پیدا ہو جائے تو یہ کھیتی اب بھی ہری ہو سکتی ہے۔

آخری شعر میں اقبال خدا کا شکر ادا کرتے ہیں کہ اے خدا! میں ایک فقیر ہوں جس پر تو نے بادشاہت کے راز کھول دیے ہیں۔ میرے نغموں میں تیرے فیض اور کرم سے حقائق اور معارف کے وہ نکتے پیدا ہو گئے ہیں جن کی روشنی میں قوم کو خسرو پرویز (بادشاہ ایران) جیسی دولت حاصل ہو سکتی ہے۔

غزل ۔ ۸

مفہوم:

اقبال اس مطلع میں یہ حقیقت واضح کرتے ہیں کہ خدا کی ذات ہی اصل ہے باقی ساری چیزیں اس کی صفات کا مظہر ہیں ۔ اس لیے جب یہ ظاہر ہوگیا "لا الہ الا ھو" یعنی اس کے سوا اور کوئی معبود و مسجود نہیں ہے تو پھر انسان اور خدا کے درمیان کا پردہ اٹھ گیا۔ وہ رازہائے سربستہ جو خالق اور مخلوق کے درمیان موجود تھے ختم ہو گئے۔

جب راہِ حق کے مسافر پر یہ حقیقت ظاہر ہو جاتی ہے کہ خدا کے سوا اور کوئی شے حقیقی اور لافانی نہیں تو دنیا کی وہ ساری چیزیں جو پہلے اس کے لیے لذت آفریں رہی ہیں اب اس کی نظر میں بے معنی ہو جاتی ہیں ۔ نہ شراب میں اسے لذت ملتی ہے ۔ نہ ساقی کی ضرورت ہوتی ہے، نہ شعر سننے میں طبیعت لگتی ہے، نہ موسیقی کی آواز اسے پسند آتی ہے ۔ بلکہ وہ ان ساری وقتی لذتوں سے کنارہ کش ہو جاتا ہے اور پہاڑوں کی خاموشی، دریا کی روانی اور لالہ کی خوبصورتی میں حسنِ ازل کا مشاہدہ کرتا ہے ۔

جو شخص عرفانِ الٰہی کی شرابِ معرفت پیے ہوتا ہے اور جو مے کدۂ ذات کا گدا یعنی مردِ مومن ہے ۔ وہ اگر کبھی چشمۂ حیواں (آب حیات) کے کنارے پہنچ جائے تو وہاں بھی اپنا پیالہ توڑ کر اپنی بے نیازی کا ثبوت دیتا ہے ۔ یہاں عاشق صادق کی شانِ استغنا ظاہر کی گئی ہے ۔

161

اقبال کہتے ہیں کہ خانقاہیں پہلے معرفتِ علم وحق کا مرکز تھیں مگر اب صوفیوں کے پاس کچھ باقی نہیں رہ گیا ؏

خانقاہوں میں مجاور رہ گئے یا گورکن

اس صورتِ حال میں میرا سبوچہ (میری شاعری) غنیمت ہے جو شرابِ معرفت اور حقائق سے لبریز ہے۔ اس لیے خانقاہوں میں بیٹھ کر وقت ضائع کرنے سے بہتر ہے کہ میرا کلام پڑھو۔ بعض شارحین نے اس شعر کی وضاحت اس طرح بھی کی ہے کہ خانقاہوں میں صوفیوں کے خالی کدو سے مراد تصوف کا وہ روایتی نظریہ ہے جو بے عملی میں مبتلا کرتا ہے۔ اقبال اس کے برخلاف ایک نیا نظریۂ حیات جو حرکت و عمل سے عبارت ہے اپنی شاعری میں پیش کرتے ہیں اور اسی کی طرف لوگوں کو متوجہ کرنا چاہتے ہیں۔

اقبال کہتے ہیں کہ ابھی میں جذبۂ عشق میں پختہ نہیں ہوا ہوں اس لیے اس کے لیے پردہ کرنا ہی بہتر ہے۔ میرا دل ذوق وشوق سے جس قدر بے قابو ہے، اس سے زیادہ میرا دل بے قابو ہے اس لیے معشوق اگر میرے اور اپنے درمیان سے پردہ ہٹا دے تو ڈر ہے کہ میں کوئی گستاخی نہ کر بیٹھوں۔ اس لیے بہتر ہے کہ ابھی حسن پردہ میں ہی رہے۔ اس شعر کے مجازی اور حقیقی دونوں معنیٰ لیے جا سکتے ہیں اور اسے پوری دنیا سے بھی منسوب کیا جا سکتا ہے۔ چونکہ حسنِ ازل تو کبھی بے نقاب ہوگا نہیں۔ اس لیے اقبال نے جواز یہ تلاش کیا ہے کہ دنیا والوں کی نگاہ میں سلیقہ نہیں ہے جو اسے دیکھ سکیں۔

اقبال نے نیک سیرت لوگوں کو گہر یعنی موتی سے اور اس دنیا کو بحر یعنی سمندر سے مثال دی ہے۔ کہتے ہیں کہ جس طرح موتی سمندر کے آلودہ پانی میں رہ کر بھی اپنی نیک طینت کے سبب پاک وصاف رہتا ہے اسی طرح جو لوگ فطرتاً نیک ہیں وہ دنیا کی آلودگیوں میں رہ کر بھی پاک وصاف رہتے ہیں۔

وہ شاعر جو جذبۂ عشق سے سرشار ہوتا ہے اس کی نگاہ میں جادو ہوتا ہے۔ اس کے نظر کا فیض گلاب اور لالہ کے حسن میں اضافہ کر سکتا ہے۔

غزل ۔ 9

مفہوم:

اقبال خدا سے پھر وہی شرابِ کہن یعنی عشقِ خدا اور عشقِ رسولؐ کی شراب پلانے کی تمنا کرتے ہیں جس نے مسلمانوں کو دنیا کی عظیم ترین قوم بنا دیا تھا۔ اگر وہ شرابِ کہن قوم کو مل جائے تو اسے اپنا کھویا ہوا مقام بھی واپس مل جائے۔

اے خدا تین سو سال سے ہندستان میں عشقِ الٰہی کا جذبہ عام کرنے والا اور شرابِ معرفت پلانے والا کوئی شخص پیدا نہیں ہوا ہے۔ اب تو اپنے فیض کو عام کر اور کوئی صورت پیدا کر ورنہ مسلمانوں کا کیا حال ہوگا؟ تین سو سال کی مدت کو مختلف شارحین اقبال نے کئی اہم شخصیتوں کی طرف منسوب کیا ہے۔ لیکن پروفیسر یوسف سلیم چشتی کا خیال زیادہ صحیح معلوم ہوتا ہے کہ اس میں حضرت مجدد الف ثانیؒ کے ظہور کی طرف اشارہ ہے۔ کیونکہ ان سے زیادہ شرابِ معرفت میں ڈوبا ہوا کوئی اور شخص اس زمانے میں نہیں پیدا ہوا۔ یہ بات اس لیے بھی حقیقت سے قریب معلوم ہوتی ہے کہ محی الدین ابن عربی کے پیش کردہ نظریۂ تصوف کے مقابلے میں اقبال نے ہمیشہ حضرت مجدد الف ثانیؒ کے "ہمہ از اوست" کے نظریے کو پسند کیا ہے۔

اقبال موجودہ دور کے ان تنگ نظر ملاؤں کی طرف اشارہ کرتے ہیں جو عشق و محبت کے استعاروں کو نہیں سمجھتے اور خدا اور بندے کے درمیان صرف عبد اور معبود کا ہی رشتہ دیکھنا

چاہتے ہیں ۔اقبال کہتے ہیں کہ انھیں ملاؤں کے اعتراضات کے سبب وارداتِ عشق کا بیان محدود ہوتا جا رہا ہے ۔

میری غزلوں میں اس کا تھوڑا بہت ذکر ہے مگر اس کے بارے میں بھی ان لوگوں کا کہنا ہے کہ یہ ذکر حرام اور ناجائز ہے ۔

چوتھے شعر میں اقبال نے بتایا ہے کہ عقل اور وجدان سے کام لینے والوں سے مکتبِ تصوف خالی ہے ۔

وہ کہتے ہیں کہ اے خدا! مسلمانوں میں ایک عرصے سے وہ جواں مرد اور بہادر لوگ نہیں پیدا ہو رہے ہیں جو تحقیق کی راہ اپناتے اور کچھ نئے حقائق کا انکشاف کرتے ۔ اب صرف روایت پر عمل کرنے والے لکیر کے فقیر رہ گئے ہیں جو تنگ نظر ملاؤں اور صوفیوں کی باتوں پر اندھا عقیدہ رکھتے ہیں ۔ ظاہر ہے کہ اس صورتِ حال کے نتیجے میں مسلمانوں کی ترقی رک گئی ہے ۔

عشق تلوار ہے اور عقل اس کی نیام ۔ لیکن مسلمانوں سے جذبہ عشق کسی نے چھین لیا ہے ۔ اب ان کے پاس عقل ہے جو خالی نیام سے زیادہ وقعت نہیں رکھتی اس لیے اس سے کیا مصرف لیا جا سکتا ہے؟

اے خدا! اگر شاعر کا دل تیری محبت کے نور سے روشن ہو تو اس کی شاعری کا سوز قوم و ملت کی زندگی ہے ۔ اگر شاعر کا دل جذبہ عشق سے خالی ہو تو پھر یہی شاعری قوم کے لیے موت کا پیغام بن جاتی ہے ۔

اس لیے اے میرے خدا میرے دل کی تاریکی کو روشن کر دے ۔ تیرے فیض سے ہی یہ ممکن ہے کہ میں حقائق سے واقف ہو جاؤں ۔ مجھے اس نعمت سے محروم نہ کر ۔

چند اہم نکات :
(۱) یہاں ساقی سے مراد ساقی ازل یعنی خدا کی ذات ہے ۔

(۲) عشق کو عقل پر فضیلت دی گئی ہے۔ عشق ہی کو شاعری کے لیے ضروری قرار دیا گیا ہے۔

(۳) تشبیہات، ترکیبوں اور استعاروں کا خوبصورت استعمال ہوا ہے۔

غزل ۔ ۱۰

مفہوم:

اقبال کہتے ہیں کہ عشقِ الٰہی کا جذبہ اگر دل میں مستقل موجود رہے تو دل میں اِس کی آرزو مندیِ عشق کے سبب ایک عجیب و غریب سوز و گداز اور درد پیدا ہو جاتا ہے جو متاعِ بے بہا ہے یعنی ایسی قیمتی شے ہے کہ اس کے بدلے اگر شانِ خداوندی بھی ملے تو قبول نہیں ۔ یہاں شانِ خداوندی سے مراد اللہ کی الوہیت یا خالقیت نہیں ہے بلکہ محض رنگِ نیاز کی اہمیت ظاہری کی گئی ہے ۔ یعنی عشق میں جو خاکساری اور عاجزی ہوتی ہے وہ بڑی قیمتی شے ہے ۔

اقبال کہتے ہیں کہ اے اللہ تیرے عشق کے سبب تیرے بندوں میں وہ خصوصیت پیدا ہوگئی ہے کہ وہ ہر قسم کی پابندی اور قیود و حدود سے بے نیاز ہو گئے ہیں ۔ اِس دنیا میں مرنے کی قید ہے اور آخرت میں زندہ رہنے کی ۔ اس لیے دنیا میں تو ان کا دل نہیں لگتا ہے مگر آخرت میں بھی ان کا دل لگے گا یا نہیں یہ بات قابلِ غور ہے ۔

اقبال کہتے ہیں کہ جو شخص محبت کے کوچے میں قدم رکھ چکا ہے اور راہِ محبت کا رہ نوردِ شوق ہے اس کے حق میں دیدار سے بہتر حجاب ہے کیونکہ اس سے عشق اور بڑھتا ہے ۔ اس لیے خدا کی پردہ داری یا یوں کہیے کہ دیر سے اپنے بندوں کو قربت عطا کرنا ایک طرح سے بہتر ہے چونکہ خدا کی دیر پیوندی سے عشق کا جذبہ قوی تر ہوتا ہے جو گویا روحِ زندگی ہے ۔

شاہین چونکہ پرندوں کی دنیا کا درویش ہے۔ اس لیے وہ آشیانہ نہیں بناتا بلکہ جنگلوں اور پہاڑوں میں اپنی زندگی گزارتا ہے جو انسان درویشی اختیار کرنا چاہے اس کے لیے بھی دنیوی قیود میں مبتلا ہونا ذلت کا باعث ہے۔

اقبال کہتے ہیں کہ انسان اخلاق و کرداری کی تربیت کسی مکتب میں نہیں حاصل کرتا بلکہ یہ جذبہ عشق ہے جو شیوۂ تسلیم و رضا پیدا کرتا ہے۔ حضرت اسمٰعیلؑ کی مثال سامنے ہے جو بغیر کسی مکتبی تعلیم کے اس قدر بلند کردار کے مالک تھے۔ یعنی علم تو کتابوں سے حاصل ہو سکتا ہے مگر دین بزرگوں کے فیض سے حاصل ہوتا ہے۔

اقبال کہتے ہیں کہ میں نے خاکِ راہ (بدحال مسلمانوں سے مراد ہے) کو الوند پہاڑ کی بلندی کا راز بتایا اس لیے امید ہے کہ میرا مزار عزم و ہمت رکھنے والوں کی زیارت گاہ ہو گا۔

حو بات اچھی ہے اور سچی ہے اسے اثر کرنے کے لیے کسی آرائش اور زیبائش کی ضرورت نہیں۔ اس کی مثال لالہ کے پھول سے دی جا سکتی ہے جس کا حسن کسی غیر فطری شے کا مرہونِ منت نہیں مگر قدرت نے خود اس میں ایسا حسن پیدا کر دیا ہے کہ نگاہ متاثر ہو جاتی ہے۔

غزل ۔ ۱۱

مفہوم:

پہلا شعر وارداتِ عشق و محبت کی ایک مکمل کہانی ہے۔ اقبال اپنے محبوب سے مخاطب ہو کر کہتے ہیں کہ تجھے میری محبت کا وہ زمانہ غالباً یاد نہیں رہا جب میں تیری بزم میں نظر جھکا کر بیٹھتا تھا اور میری یہ بھی ہمت نہیں تھی کہ تیرے سراپا پر نگاہ ڈالوں۔ اگر میں کبھی ایسی جرأت کر بیٹھتا تھا تو تیری نگاہوں کا تازیانہ (چابک) فوراً مجھے سہا دیتا تھا۔ ظاہر ہے کہ وہ زمانہ ابتدائے عشق کا تھا جب محبوب سراپا ناز تھا اور عاشق نیاز کی تصویر بن کر بیٹھا رہتا تھا لیکن عاشق کے جذبہ صادق نے آخر کار محبوب پر اثر ڈالا اور وہ مائل بہ کرم ہو گیا۔ یہاں تک کہ عاشق کو نہ صرف اس سے نگاہیں ملانے بلکہ شکوہ و شکایت کرنے کا بھی حوصلہ مل گیا اور وہ عشق کا ابتدائی زمانہ اپنے محبوب کو یاد دلا رہا ہے۔

دوسرے شعر میں اقبال نے قوم کے ان نوجوانوں کی حالتِ زار کا نقشہ کھینچا ہے جو کالجوں میں تعلیم پا رہے ہیں۔ یہ لوگ ایک طرف تو دوسروں کی تقلید میں خود اپنے دین سے ناواقف ہو گئے اور دوسری طرف کافروں کی نگاہ میں بھی کوئی اونچا مقام نہیں حاصل کر سکے۔ یعنی دین چھوڑ کر جو نقصان ہونا تھا وہ تو ہوا ہی مگر دوسروں کی نقل کر کے بھی وہ کوئی فائدہ نہ اٹھا سکے۔ یہاں پر اقبالؔ نے یہ لطیف نکتہ پیش کیا ہے کہ جو قوم اپنی روایتوں کو چھوڑ دیتی ہے اسے

ہر طرح سے نقصان ہوتا ہے چونکہ اپنے لوگوں سے وہ چھوٹ جاتی ہے اور دوسرے لوگ اسے شک کی نگاہ سے دیکھتے ہیں۔ ظاہر ہے کہ نقل ویسے بھی اصل کے برابر کیسے ہوسکتی ہے۔ اکبر الہ آبادی نے اسی خیال کو ظریفانہ انداز میں اس طرح بیان کیا ہے کہ

تھے کیک کی فکر میں روٹی بھی گئی

پتلون کی تاک میں لنگوٹی بھی گئی

اور

دیکھ لے اے قوم سنتے تھے جے

چند لڑکے ہیں مشن اسکول کے

راہِ مغرب میں یہ لڑکے لٹ گئے

واں نہ پہنچے اور ہم سے چھٹ گئے

تیسرے شعر میں اقبال نے موجودہ دور کی ہلچل، پریشانی اور بے اطمینانی پر اظہارِ خیال کیا ہے۔ وہ کہتے ہیں کہ ویسے تو یہ دنیا قفس نہیں نظر آتی چونکہ یہاں ایک کھلی ہوئی فضا ہر طرف موجود ہے اور بظاہر ہر شخص آزاد ہے۔ لیکن اس آزادی کے باوجود اسے سو دو زیاں کے جھمیلے ایک لمحہ بھی سکون نہیں لینے دیتے اور نہ اسے قفس کی طرح بے بسی کا احساس ہوتا ہے نہ آشیانے کی طرح سکون کا۔ بس وہ ہمیشہ پریشان حال رہتا ہے گویا ع

دنیا میں آدمی کو مصیبت کہاں نہیں؟

انگریزی کی مشہور نظم LEISURE میں بھی یہی خیال پیش ہوا ہے۔

چوتھے شعر میں اقبال خدا سے مخاطب ہو کر کہتے ہیں کہ جن مراکز اور میخانوں سے علم و معرفت کی شراب ملتی تھی وہ ابھی بھی موجود ہیں مگر ان میں شراب موجود نہیں ہے۔ یعنی خانقاہیں تو موجود ہیں مگر ان میں وہ لوگ موجود نہیں ہیں جن کے دل روحانیت اور شرابِ معرفت سے بھرے ہوئے تھے اب تو ع

خانقاہوں میں مجاور رہ گئے یا گورکن

اس لیے اقبال دعا گو ہیں کہ روحانیت کے ان مراکز میں پھر اہلِ علم اور اہلِ دل پیدا ہو جائیں تا کہ خدا کی محبت کا پیغام عام ہو سکے۔

پانچویں شعر میں اقبال نے یہ بتایا ہے کہ میرا کلام اور میرا پیغام کسی بہار کی آمد کا پابند نہیں ہے۔ میرے دل میں تو اس قدر جذبات ہیں کہ میں ہمیشہ مائل بہ نوا رہتا ہوں مگر میرے دوست اور ہم مشرب میری آواز کو بہار کا نتیجہ سمجھتے ہیں۔ حقیقت یہ ہے کہ۔

یہ نغمہ فصلِ گل و لالہ کا نہیں پابند
بہار ہو کہ خزاں لَا اِلٰہَ اِلَّا اللہ

آخری دو اشعار میں اقبال نے یہ بتایا ہے کہ عاشق خدا کی راہ میں اپنا خون بہاتے ہیں۔ دنیا ان کی راہ میں دشواریاں کھڑا کرتی ہے اور دوست آڑے آتے ہیں مگر وہ سب کچھ سہہ کر صرف خدا کی خوشنودی کے لیے مائل بہ عمل رہتے ہیں۔ ایسے لوگوں کو حیاتِ دوام بخش کر ہی ان کی محنت اور قربانی کا صلہ دیا جا سکتا ہے۔

چند اہم نکات :

(۱) پہلے شعر میں اقبال نے بلاغت کا اچھا نمونہ پیش کیا ہے۔ اس شعر میں پیکر تراشی کا نمونہ بھی پایا جاتا ہے۔ ایک پورا زمانہ نگاہوں کے سامنے آتا ہے جب عاشق انتہائے شوق کے باوجود محبوب کی نظروں کی تاب نہ لا کر خاموش رہتا ہے۔ ''نگاہوں کا تازیانہ'' اور ''ادب گہہِ محبت'' بڑا شاعرانہ بیان ہے۔

(۲) دوسرے شعر میں گرچہ ایک سادہ سی نصیحت پیش کی گئی ہے مگر ''ادائے کافرانہ'' اور ''تراشِ آزرانہ'' کے ٹکروں نے اسے شاعرانہ اندازِ بیان عطا کر دیا ہے۔

(۳) آخری دو اشعار ایک ہی کیفیت کی توضیح کرتے ہیں۔ آخری شعر کا تیور اور لہجہ یہ صاف ظاہر کرتا ہے کہ اقبال کو دنیا کے عام لوگوں سے اور اپنے دوستوں سے شکایت ہے اور انھوں نے خدا کی راہ میں جس طرح قربانیاں دی ہیں اس کا بھی احساس ہے۔ خدا سے بھی ان کو

اس حد تک شکایت ضرور ہے کہ ان کی قربانیوں کا بھرپور صلہ اب تک نہیں مل سکا ہے ۔ گرچہ ؏

تری بندہ پروری سے مرے دن گزر رہے ہیں

لیکن اتنا ہی کافی نہیں ہے بلکہ ؏

صلۂ شہید کیا ہے تب و تابِ جاودانہ

یعنی عاشق کو حیاتِ دوام مل جائے یہی اس کا مقصودِ حیات ہے ۔

(۴) پوری غزل گہرے فلسفیانہ نکات اور حقائق کے باوجود شاعرانہ لب و لہجے سے

معمور ہے ۔

غزل ۔ ۱۲

مفہوم :

پہلے شعر میں اقبال نے اپنے شاعرانہ اندازِ بیان کے ساتھ ساتھ زورِ تخیّل کا عمدہ نمونہ پیش کیا ہے۔ لالہ کا پھول شراب کے جام کی طرح ہوتا ہے اور اس کا رنگ سرخ ہوتا ہے۔ گل لالہ کی اس قدرتی بناوٹ اور رنگ کا سہارا لے کر اقبال نے عہدِ حاضر کے صوفیوں کی ایک اہم کمزوری کی طرف اشارہ کیا ہے۔ ضمیر لالہ سے یہاں مراد لالہ کا پھول ہے اور مئے لعل سے مراد اس پھول کا سرخ رنگ ہے جو سرخ شراب کی طرح کشش رکھتا ہے۔ اقبال کہتے ہیں کہ جب بہار کا موسم آیا اور لالہ کا پھول اپنی سرخی کے ساتھ منظرِ عام پر آیا تو زاہد نے اسے فطرت کی طرف سے شراب نوشی ترک کرنے کا اشارہ سمجھا اور فوراً شراب پینی شروع کر دی۔ شعر میں دراصل اس نکتے کی طرف اشارہ کیا گیا ہے کہ جن لوگوں کے ایمان میں پختگی اور عقیدے میں استحکام ہوتا ہے وہ وقتی لالچ یا بہکاوے میں نہیں آتے لیکن جو لوگ شکوک و شبہات میں مبتلا رہتے ہیں، مثلاً آج کل کے صوفی اور زاہد وہ ذرا سا موقع پاتے ہی غلط روی پر آمادہ ہو جاتے ہیں۔

دوسرے شعر میں اقبال نے اپنا نظریۂ عشق بیان کیا ہے جس کے مطابق عشق ہی ساری قوتوں کا مرکز اور سارے اعمال کا محرک ہے۔ اقبال نے ایک جگہ لکھا ہے ۔

فقر کے ہیں معجزات تاج و سریر و سپاہ

فقر ہے میروں کا میر فقر ہے شاہوں کا شاہ

فقر کی یہ کیفیت عشق کے جذبہ صادق کا نتیجہ ہوتی ہے ۔عشق کی بلندی کا یہ عالم ہے کہ وہ انسان کو بڑے سے بڑے دنیوی عہدے سے بے نیاز کر دیتا ہے اور بڑے بڑے بادشاہوں اور سپہ سالاروں کو عاشقِ حقیقی کے قدموں میں لاکھڑا کرتا ہے ۔دنیا کی تاریخ ایسی مثالوں سے بھری پڑی ہے کہ عشقِ الٰہی کی بدولت جذب وسلوک کی منزلیں طے کرنے کے بعد جولوگ فقر کے اعلٰی ترین منصب پر فائز ہوگئے ہیں ان کی خانقاہوں میں حاضر ہونے کے لیے بادشاہانِ وقت کو اجازت طلب کرنی پڑی ہے ۔اقبال نے ان تمام واقعات کو نگاہ میں رکھتے ہوئے ایک بنیادی حقیقت کی طرف اشارہ کر دیا ہے ۔یعنی جب عشق کا جذبہ کسی شخص کے دل میں قوی تر ہو جاتا ہے تو وہ فقیری میں بھی بادشاہی کرتا ہے اور بوریا نشیں ہونے کے باوجود تخت وتاج کا مالک ہوتا ہے ۔

تیسرے شعر میں اقبال نے عاشق کی نگاہ سے دنیا کا جائزہ لینے کے بعد اس سے متعلق اپنے تاثرات کا اظہار کیا ہے ۔ان کا خیال ہے کہ یہ دنیا تو عاشق صادق کو اپنی طرف مائل نہ کر سکی ۔اس کو عشقِ الٰہی کی راہ سے بہکا نہ سکی لیکن شاید کسی کے دل میں یہ خیال پیدا ہو کہ اس دنیا کی لطافتیں اور رنگینیاں ورعنائیاں اب پرانی ہو چکی ہیں اس لیے عاشق کے دل کو جیتنے میں ناکام رہیں ۔اگر ایسا ہے تو خدا اپنے سچے عاشقوں کو کسی نئی دنیا میں جس کے جلوے ابھی تازہ اور جوان ہوں بھیج دے اور ان کا امتحان لے کر دیکھ لے ۔اقبال نے انسان کی عظمت کے آگے جس طرح اس دنیا کو بے حد مختصر بتایا ہے اس کے پیشِ نظر یہ بھی ہو سکتا ہے کہ اقبال انسان کے حوصلوں ،اس کے شوقِ جستجو اور ذوقِ عمل کو ذہن میں رکھتے ہوئے ایک نئی دنیا کی آرزو کر رہے ہوں جسے انسان اپنی جولان گاہ بنا سکے ۔کیونکہ اقبال ہی کا یہ خیال ہے کہ انسان کو ہمیشہ مائل بہ عمل رہنا چاہیے اور یہ اسی وقت ممکن ہے جب نئے ممکنات کے ساتھ نئے مرحلے اس کے سامنے آتے رہیں ۔

چوتھے شعر میں اقبال کہتے ہیں کہ میں نے قیامت کے ہنگاموں کا حال سنا ہے ۔مجھے

اس کی نوعیت اور کیفیت کا زیادہ علم نہیں ہے ۔لیکن جو کچھ میں جانتا ہوں اس کے پیش نظر یہ کہہ سکتا ہوں کہ میرے لیے تو تری نگاہ کا بدل جانا ہی قیامت کی طرح ہے ۔تو اگر میری جانب سے اپنی نگاہیں پھیر لے تو یہ صدمہ ہی میرے لیے قیامت سے بڑھ کر ہے ۔

اقبال کا یہ عقیدہ ہے کہ مسلسل ہجر کی کیفیت ہی عاشق کے لیے سب سے بہتر کیفیت ہے ۔اس لیے وہ محبوب کی نگاہِ التفات سے گھراتے ہیں ۔ یہ نگاہِ التفات ان کی لذتِ طلب کو کم کر دے گی اور ہجرِ مسلسل کے سبب انھوں نے ہر صبح آہ و زاری کا جو شیوہ اختیار کر رکھا ہے اس میں خلل واقع ہو گا ۔اس لیے اقبال اپنے محبوب سے یہ التجا کرتے ہیں کہ وہ اسی طرح تغافل کا برتاو کرتا رہے اور التفات کی نگاہ ان پر نہ ڈالے ورنہ سوز و گداز کی جس لذت سے وہ ابھی دو چار ہیں اس میں کمی ہو جائے گی ۔

چھٹے شعر میں اقبال نے یہ بتایا ہے کہ جو لوگ مسلسل غم میں مبتلا رہتے ہیں وہ رنج و غم سہنے کے خو گر ہو جاتے ہیں اور بہار کا موسم انھیں پسند نہیں آتا ۔بلبل کی آواز بھی خوشی اور مسرت کے جذبات سے بھری ہوئی ہے اس لیے غم کے خو گر انسان کو اچھی نہیں معلوم ہوتی ۔عاشق ایک ایسا ہی غم زدہ انسان ہوتا ہے جسے خوشی کا کوئی پہلو اچھا نہیں لگتا ہے ۔

آخری شعر میں اقبال نے اپنا مخصوص نظریہ زندگی پیش کیا ہے جس کے مطابق انسان کو زمانے کے مطابق زندگی نہیں گزارنی چاہیے بلکہ زمانے کو اپنا تابع بنانا چاہیے ۔یعنی ۔

اپنا زمانہ آپ بناتے ہیں ایسے لوگ

یہ وہ نہیں کہ جن کو زمانہ بنا گیا

کی تفسیر بن کر دنیا میں زندہ رہنا چاہیے ۔ یہ خیال تو بے خبر لوگوں کا ہے کہ زمانے کے ساتھ چلنے میں ہی فائدہ ہے ۔دراصل زمانے کو اپنے مزاج کے مطابق بنانے اور ساتھ لے کر چلنے میں ہی ارتقا کا راز پوشیدہ ہے ۔

غزل ۔ ۱۳

مفہوم:

اقبال نے پہلے شعر میں خدا سے اس کی بے نیازی اور اپنی کوشش پیہم کا تذکرہ کیا ہے۔ اقبال کہتے ہیں کہ گرچہ میں نے اپنی نوائے شاعری کو تاثیر کے لحاظ سے کمال کے درجے تک پہنچا دیا لیکن پھر بھی میرا مقصد پورا نہ ہوسکا۔ کیونکہ خدا نے میری کوششوں کی تائید نہیں کی۔ اس کی مرضی شریکِ حال نہ رہنے کے سبب لوگ مجھے شاعر سمجھتے رہے اور کسی نے بھی قوم کو بیدار کرنے کے سلسلے میں میری کوششوں کی قدر نہ کی۔ یہ صرف میری کم نصیبی ہے اور کچھ نہیں۔ شاد نے کہا تھا۔

جو سچ پوچھو تو شاد اپنے کیے سے کچھ ہو نہیں سکتا

خدا کی دین ہے انسان کا مشہور ہو جانا

ہو سکتا ہے کہ اقبال نے بھی یہ شعر اسی کیفیت کو مدِ نظر رکھ کر کہا ہو۔ یعنی جب تک خدا کی مرضی نہ ہو انسان اپنے ذاتی کمال کی بنیاد پر منزلِ عروج تک نہیں پہنچ سکتا۔ گرچہ یہ دوسرا معنی اقبال کے نظریات سے کچھ مختلف ہے۔

دوسرے شعر میں بظاہر تین سوالات پیش کیے گئے ہیں۔ لیکن دراصل یہ بالواسطہ اندازِ بیان ہے اور تینوں سوالات خود ہی ایک جواب تک پہنچا دیتے ہیں۔ جب سے یہ دنیا قائم ہے

انسان اپنے ذہن سے حیات و کائنات کی حقیقت جاننے کے لیے بے چین ہے۔ زماں و مکاں کا وجود کوئی خارجی وجود رکھتا ہے یا محض صفاتِ خداوندی اور تجلیاتِ الٰہی کا ایک عکس ہے، یہ سوال بھی ہر دور میں موضوعِ بحث رہا ہے۔ اقبال نے ان سوالوں کو اس طرح پیش کیا ہے جس سے ظاہر ہو جاتا ہے کہ خدا کی ہستی لامحدود اور لامتناہی ہے اس لیے اس کا وجود کسی مکان کا پابند نہیں ہے۔ وہ کسی خاص جگہ پر نہیں ہوتے ہوئے بھی ہر جگہ موجود ہے۔ بالکل اسی طرح جیسے روح جسم کے کسی ایک حصے میں نہیں رہنے کے باوجود پورے جسم میں موجود رہتی ہے۔ دوسری بات یہ ہے کہ یہ کائنات بھی اپنا کوئی علاحدہ وجود نہیں رکھتی۔ یہ تو محض ایک نمائش ہے، ایک تماشہ گاہ ہے جس میں خدا کے جلووں کا نظارہ عام ہے۔ اگر خدا اپنے یہ جلوے ایک لمحہ کے لیے بھی سمیٹ لے تو دنیا کا وجود باقی نہ رہے۔ دراصل یہ دنیا بھی کوئی خارجی وجود نہیں رکھتی بلکہ محض اس کی کرشمہ سازی ہے۔ مختصر یہ کہ حقیقت صرف "ذات" ہے اور یہ دنیا پر چھائیں (ظل) ہے اگر ذات نہ ہو تو صفات کہاں سے آئیں گی؟

تیسرے شعر میں اقبال نے اپنے مخصوص نظریات کے مطابق عشق کی عقل پر برتری ثابت کرنی چاہی ہے۔ اس دنیا میں حقائق کا پتا چلانے یا منزل تک پہنچنے کے لیے عام طور پر دو طریقے اختیار کیے جاتے ہیں۔ یا تو عقل کا سہارا لے کر کسی مسئلے کو سمجھنے کی کوشش ہوتی ہے یا عشق کی رہبری قبول کر لی جاتی ہے۔ اقبال نے عقل کے ذریعے حقیقت تک پہنچنے کی کوششوں کو ہمیشہ نامکمل اور ناکام قرار دیا ہے۔ "بالِ جبریل" میں لینن سے یہ اقرار کرواتے ہیں۔

میں کیسے سمجھتا کہ تو ہے یا کہ نہیں ہے

ہر دم متغیر تھے خرد کے نظریات

اقبال کے اس اندازِ فکر کا سبب یہ ہے کہ عقل ہمیشہ شکوک و شبہات میں مبتلا رکھتی ہے اور ہمیشہ کوئی نہ کوئی نیا نظریہ پرانے نظریہ کی تردید کر دیتا ہے۔ اس طرح انسانی ذہن ہمیشہ پیچ و تاب میں مبتلا رہتا ہے بقول اکبرؔ۔

فلسفی کو بحث کے اندر خدا ملتا نہیں
ڈور کو سلجھا رہا ہے اور سرا ملتا نہیں

اقبال نے اس میں رازیؔ اور رومیؔ کو دراصل عقل اور عشق کی علامت بنا کر پیش کیا ہے ۔رومیؔ عشق کی رہنمائی میں منزلیں طے کرتے ہیں ۔رازیؔ غور و فکر کو اپنا رہنما بناتے ہیں ۔ یہ دو اہم شخصیتیں دو مختلف طریقِ زندگی کی نمائندگی کرتی ہیں ۔اقبال نے ان دونوں کی خصوصیات کو انتہائی بلاغت کے ساتھ ''سوز و سازِ رومی'' اور ''پیچ و تابِ رازی'' کے ذریعے بیان کر کے دراصل دعوتِ فکر دی ہے کہ کون سا طریقہ انسان کے لیے بہتر ہے ۔ظاہر ہے کہ اقبال تو رازی کے نہیں رومیؔ کے شاگرد ہیں ۔

چوتھے شعر کے لغوی معنی یہ ہیں کہ شاہین کا وہ بچہ جو دھوکے سے گِدھوں کے درمیان پلا اور بڑھا وہ شاہین کے راہ ورسمِ زندگی سے کیسے واقف ہو سکتا ہے ۔وہ تو گدھ کی طرح مرا ہوا جانور کھانے کا عادی ہو جائے گا اور خود سے شکار کر کے کھانے کی لذت سے نا آشنا ہو گا ۔اس شعر کے اصل معنی یہ ہیں کہ مسلمانوں کی ایک قابلِ فخر روایت رہی ہے ۔انھوں نے شاہین کی طرح کائنات کی وسعتوں میں زندگی گزاری ہے لیکن ان کی نئی نسل جو غیر اسلامی ماحول میں پرورش پا رہی ہے وہ اپنی شاندار روایتوں سے ناواقفیت کے سبب دوسروں کے خراب ماحول کو ہی بہتر سمجھنے پر مجبور ہے ۔اس میں اب عمل کی قوتیں مردہ ہوتی جا رہی ہیں ۔یہاں ''فریب خوردہ شاہین'' کنایہ ہے مسلمانوں کی نئی نسل سے اور ''کرگس'' سے مراد غیر اسلامی قومیں ہیں ۔

اقبال نے بار بار اس خیال کا اظہار کیا ہے کہ وہ جذبات کے اظہار میں کسی خاص اسلوب یا زبان کے پابند نہیں ہیں ۔

اقبال لکھنؤ سے نہ دلی سے ہے غرض
ہم تو اسیر ہیں خمِ زلفِ کمال کے

اس غزل کے پانچویں شعر میں بھی اقبال اسی خیال کا اظہار کرتے ہیں کہ میں تو غزل میں صرف اپنے دلی جذبات کا اظہار کرتا ہوں ۔میں نہ تو کسی خاص اسلوب اور زبان کا مقلد اور

پابند ہوں نہ میں اظہارِ جذبات کے لیے کسی خاص زبان کی اہمیت سے واقف ہوں۔ لہجہ خواہ عجمی ہو یا تازی مگر جذبات میں صداقت ہو تو تاثیر پیدا ہونا لازمی ہے۔

چھٹے شعر میں بے حد خوبصورت انداز سے فقیری اور بادشاہی کا فرق واضح کیا گیا ہے۔ اقبال کہتے ہیں کہ فقیر اور بادشاہ دونوں ہی حکومت کرتے ہیں۔ لیکن دونوں میں فرق بس اتنا ہی ہے کہ بادشاہ اپنے سپاہیوں کی مدد سے فتح حاصل کرتا ہے اور فقیر اپنی نگاہوں کی تاثیر سے فتوحات حاصل کرتا ہے۔ یعنی بادشاہ جو کام کثیر فوج کی مدد سے انجام دیتا ہے وہ ایک فقیر اپنی نگاہ سے انجام دے سکتا ہے۔ کیونکہ عشقِ الٰہی کی بدولت اس کی نگاہ میں ایسی بے پناہ تاثیر پیدا ہو جاتی ہے جس کا تصور بھی نہیں کیا جا سکتا۔ اقبال نے اس شعر میں انتہائی بلاغت کے ساتھ دنیا کی تاریخ کا نچوڑ پیش کر دیا ہے۔ ہر زمانے میں بادشاہ ملک فتح کرتے رہے ہیں اور فقیر دلوں کو جیتنے میں مشغول رہے ہیں۔ اقبال کے یہاں فقیری سے مراد وہ نہیں جو ہم عام طور پر سمجھتے ہیں۔ یہاں فقیری دست درازی سے نہیں، بے نیازی سے عبارت ہے۔ اس لیے یہاں فقر، بادشاہی سے بڑی قوت ہے۔

آخری شعر میں موجود علماے دین کی بدمزاجی، بداخلاقی اور ملت کی طرف سے بے نیازی کا تذکرہ کیا گیا ہے۔ اقبال کا خیال ہے کہ حسنِ اخلاق بے حد ضروری ہے اور اس کے بغیر کوئی قوم ترقی نہیں کر سکتی۔ علماے دین کو خاص طور پر اخلاق کا مظاہرہ کرنا چاہیے۔ لیکن آج حالت یہ ہے کہ ان کی بداخلاقی کے سبب مسلمانوں میں سے کچھ لوگ تو ملّتِ اسلامیہ سے علاحدہ ہو گئے ہیں اور الگ تھلگ زندگی گزار رہے ہیں اور کچھ ان کے اخلاق کو اسلام کا عام اخلاق سمجھ کر خود مذہبِ اسلام سے ہی بیگانہ ہو گئے ہیں۔

تیرھویں غزل کے سلسلے میں چند اہم نکات:

(۱) اس غزل میں بلند پایہ افکار و خیالات کا بے حد دل نشیں انداز میں بیان ہوا ہے اور فلسفہ کو تغزل کا رنگ دے دیا گیا ہے۔

(۲) تقریباً ہر شعر میں بلاغت کی شان پائی جاتی ہے ۔ طویل واقعات اور نظریات کو دو مصرعوں میں اس طرح بیان کر دیا گیا ہے کہ حیرت ہوتی ہے ۔

(۳) ''فریب خوردہ شاہیں''،''سوز و سازِ رومی''،''پیچ و تابِ رازی'' اور ''نگہہ کی تیغ بازی'' وغیرہ بے حد خوبصورت ترکیبیں ہیں ۔

غزل ۔ ۱۴

مفہوم:

اقبال کہتے ہیں کہ جب تک میں عشق کی پراسرار قوتوں سے واقف نہیں ہوا تھا، دنیا کے مختلف پیچ و خم میں الجھ کر اس دنیا کو ہی اپنا میدانِ عمل سمجھ بیٹھا تھا اور میں نے اسی جہانِ رنگ و بو کو، اسی مٹی اور پانی سے بنی ہوئی دنیا کو سب کچھ تصور کر لیا تھا لیکن جب عشق کے جذبے نے میری نگاہوں کو وسعت عطا کی تو یہ دنیا میری نگاہوں میں بے حد مختصر، محدود اور بے قیر معلوم ہونے لگی۔ یعنی ایک عرصہ تک عشق کی پوشیدہ قوتوں سے واقف نہ ہونے کے سبب میں کم نگاہی میں مبتلا رہا لیکن آخر کار عشق نے مجھے زمان و مکاں کے محدود تصوّر سے بے نیاز کر دیا۔ گویا انسان جب تک عشق کی رہبری قبول نہیں کرتا اس وقت تک وہ صرف اسی دنیائے آب و گل کو اپنی جولان گاہ سمجھتا ہے اور یہ نہیں جانتا کہ:

ستاروں سے آگے جہاں اور بھی ہیں

جب عشق کا جذبہ دل میں قوی تر ہو جاتا ہے تو حسنِ ازل انسان کی نگاہوں میں نور بن کر سما جاتا ہے۔ حسنِ ازل کے دیدار سے اس کائنات کا طلسم اس کی نظروں میں بے نقاب ہو جاتا ہے اور وہ آسمان کو ایک نیلی چادر سے زیادہ کچھ نہیں سمجھتا۔ پھر اس کی نگاہ موجودات کا پردہ چاک کر کے آسمان کی وسعتوں سے آگے جا کر حسنِ حقیقی کا مشاہدہ کرتی ہے اور کائنات کے

ایسے رازوں سے واقف ہو جاتی ہے جو عام لوگوں کی دسترس سے دور ہیں۔

عشق وہ جذبہ ہے جو انسان کو تسخیرِ کائنات کے طویل سفر میں کبھی تھکنے نہیں دیتا۔

غالبؔ نے کہا تھا ؎

ہے کہاں تمنا کا دوسرا قدم یارب

ہم نے دشتِ امکاں کو ایک نقشِ پا پایا

اور اقبال نے عشق کی عظمت اور بلندیِ پرواز اس طرح ظاہر کی تھی ؎

ستاروں سے آگے جہاں اور بھی ہیں

ابھی عشق کے امتحاں اور بھی ہیں

یہاں بھی اقبال اسی نکتے کی وضاحت کرتے ہوئے بتاتے ہیں کہ جب عشق کا جذبہ دل میں پیدا ہو جاتا ہے تو انسان سورج، چاند اور مشتری سے بھی آگے کی دنیا پر نگاہ دوڑاتا ہے۔ عشق سے پہلے وہ سورج، چاند اور ستاروں کو ہی اپنی منزل سمجھتا ہے۔ مگر بعد میں یہ کیفیت ہو جاتی ہے کہ ؎

جہاں فرشتوں کے پر ہیں لرزاں

میں اس بلندی پہ جا رہا ہوں

اس طویل سفر میں ستارے سنگِ میل سے زیادہ حیثیت نہیں رکھتے۔

چوتھے شعر میں اقبال نے مذکورہ بالا حقیقت کو بالکل واضح کر دیا ہے۔ وہ کہتے ہیں کہ میں نے کائنات کو ایک غیر محدود اور بے حد وسیع شے سمجھا تھا لیکن جب عشق نے میری اپنی شخصیت کو وسیع کر دیا تو یہ زمین و آسمان کا درمیانی فاصلہ میں نے صرف ایک قدم بڑھاتے طے کر لیا۔ درج ذیل شعر میں یہی بات کس خوبصورتی سے کہی گئی ہے ؎

گھٹا تو دشتِ تمنا کی گرد تھا انساں

بڑھا تو وسعتِ افلاک میں سما نہ سکا

پانچویں شعر میں اقبال کہتے ہیں کہ میں نے اپنے عشق کا راز بہت چھپایا لیکن ضبطِ فغاں میں بھی فغاں کا رنگ پیدا ہو گیا اور میری محبت کا راز فاش ہو گیا۔

چھٹے شعر میں اقبال نے ایسے لوگوں کی طرف اشارہ کیا ہے جو بعد از وقت پچھتاتے اور روتے ہیں ۔ اقبال کہتے ہیں کہ جس طرح قافلہ روانہ ہوتے وقت ایک شخص روانگی کا اعلان کرتا ہے تاکہ سب لوگ تیار ہو جائیں ۔ اسی طرح وقت کا قافلہ بھی غافل افراد اور قوموں کو ساتھ لے کر چلنے کی کوشش کرتا ہے لیکن کچھ لوگ اپنی کاہلی کی وجہ سے چھوٹ جاتے ہیں ۔ پھر جب وہ ساتھ چلنے کی خواہش دل میں لیے قافلہ سے رک جانے کی درخواست کرتے ہیں تو کچھ لوگ اسے غلطی سے قافلہ کے روانہ ہونے کی صدا بھی سمجھ سکتے ہیں ۔

پروفیسر یوسف سلیم چشتی کا خیال ہے کہ اقبال نے رحیل کارواں کے پردے میں انسان کی غفلت کا نقشہ کھینچا ہے ۔ عام طور پر انسان زندگی بھر دنیا میں مشغول رہتا ہے اور جب آخری وقت (دنیا سے روانگی کا وقت) سر پر آکھڑا ہوتا ہے تو چند روز اور زندہ رہنے کی مہلت مانگتا ہے ۔ تاکہ سفرِ آخرت کے لیے نیک اعمال کے ذریعہ کچھ زادِ راہ فراہم کر لے ۔

چودھویں غزل سے متعلق چند اہم نکات :

(۱) پوری غزل میں عشق کی مختلف کیفیتوں اور قوتوں کا بیان کیا گیا ہے اور عشق کو سارے عالم پر محیط دکھایا گیا ہے ۔

(۲) اندازِ بیان میں بھرپور تغزل ہے اور پوری غزل ایک والہانہ کیفیت میں ڈوبی ہوئی ہے ایسا لگتا ہے جیسے ایک عاشق صادق مدتوں فریب کھانے کے بعد آخر کار منزل تک پہنچ گیا ہے اور اب اپنے واردات قلبی کا بے تکلف اور بے ساختہ اظہار کر رہا ہے ۔

(۳) اقبال نے اپنی مختلف غزلوں اور نظموں میں عشق کو ساری قوتوں کا سر چشمہ قرار دیا ہے اور عشق کی عظمت مختلف مثالوں سے واضح کی ہے ۔ اس غزل کے ابتدائی چار اشعار میں بھی تسخیر کائنات کے طویل سفر میں عشق کی اہمیت اور افادیت کو واضح کیا گیا ہے ۔ تاریخ عالم میں ایسی مثالیں موجود ہیں جب کوئی عاشق الٰہی نہ صرف دنیائے آب و گل پر بلکہ تقدیر پر بھی حاوی ہو گیا ہے اور اس نے امکانات کی حدود سے باہر بھی قدم بڑھا دیا ہے ۔

غزل ۔ ۱۵

مفہوم:

پہلے شعر میں اقبال نے عقل و دانش کی دو مشہور قسموں پر بے حد بلیغ تبصرہ کیا ہے۔ اقبال کہتے ہیں کہ عقل کی دو صورتیں ممکن ہیں۔ ایک دانش نورانی جو انسان کے دل کو نور سے بھر دیتی ہے۔ یہ وہ عقل ہے جو انسان کو محبوبِ حقیقی اور حسنِ ازل کے دیدار سے سرفراز کر کے اسے سکونِ قلب و نظر عطا کرتی ہے۔ چونکہ اس عقل کی رہنمائی میں حسنِ ازل تک رسائی ممکن ہے اس لیے انسان کے دل میں شکوک و شبہات نہیں پیدا ہوتے۔ عقل کی دوسری قسم وہ ہے جسے دانش برہانی کہہ سکتے ہیں۔ یہ وہی عقل ہے جو محبوبِ حقیقی تک دلائل کی روشنی میں پہنچنا چاہتی ہے لیکن خرد کے نظریات ہر دم متغیر رہتے ہیں اور ان میں تبدیلی پیدا ہوتی رہتی ہے اس لیے انسان نہ صرف شکوک و شبہات میں مبتلا رہتا ہے بلکہ ہر لمحہ ایک نئی پریشانی اس کے سامنے آتی رہتی ہے۔ دنیا اس کے لیے ایک حیرت کدہ بن جاتی ہے اور اسے کبھی ذہنی سکون و اطمینان نہیں مل پاتا۔

دوسرے شعر میں اقبال نے خاکی انسان کے وجود میں پوشیدہ نورانی روح کی حفاظت کے لیے خدا سے دعا کی ہے۔ اقبال کہتے ہیں کہ میرا جسم تو مٹی کا بنا ہوا ہے مگر اس میں ایک ایسی شے بھی ہے جو تیری محبت سے سرشار ہے جس نے ساری دنیوی لذتوں اور آسائشوں

اور سارے اصنامِ خاکی کی نفی کر کے محض تجھ سے رابطہ قائم کرنے کا ارادہ کر رکھا ہے۔ لیکن دنیا کی آلودگی ہر لمحہ اسے اپنی لپیٹ میں لینا چاہتی ہے۔ اے خدا روح کی اس پاکیزگی کی حفاظت میرے لیے بذاتِ خود ممکن نہیں۔ اگر تو اس کام میں میری مدد نہ فرمائے گا تو میں اس چیز کی نگہبانی کا فرض پوری طرح ادا نہ کر سکوں گا۔

اقبال نے اپنے کئی اشعار میں بنی نوع آدم کو محرمِ اسرارِ ازل اور خدا کا راز داں کہا ہے۔ اقبال کا خیال ہے کہ انسان کی شکل میں خدا نے اپنے جلووں کو عام کر دیا ہے۔ اور یہ اس کی مرضی ہے کہ انسان دنیا میں رہ کر اس کے عشق میں مبتلا ہے۔ پیشِ نظر غزل کے تیسرے شعر میں بھی اقبال اسی خیال کا اظہار کرتے ہوئے خدا سے مخاطب ہو کر کہتے ہیں کہ اگر میری آہ و فغاں اب ستاروں تک پہنچ رہی ہے تو اس میں میرا کوئی قصور نہیں کیونکہ تو نے ہی مجھے عشق کے جذبے سے آشنا کر کے دلِ درد آشنا کیا ہے۔ نہ تو مجھے عشق کا جذبہ عطا کرتا نہ یوں مجھے اپنے فراق میں مبتلا کرتا، نہ میں آہ و زاری کا سلسلہ دراز کرتا۔ دراصل یہ بے حد لطیف انداز میں عرضِ مدعا ہے جسے حسنِ طلب بھی کہہ سکتے ہیں۔

چوتھے شعر میں اقبال نے اس حقیقت کا اظہار کیا ہے کہ انسان کو دنیا میں بھیجنے کا مقصد صرف یہ نہیں کہ وہ کھائے پیے اور کیڑوں مکوڑوں کی طرح زندگی گزار کر دنیا سے رخصت ہو جائے۔ بلکہ انسان کو دنیا میں اللہ نے اپنا خلیفہ اور نائب بنا کر بھیجا ہے تا کہ وہ عشقِ الٰہی کا جذبہ دوسروں میں عام کرے۔ لیکن اقبال اس نکتے کو براہِ راست نہ پیش کر کے ایک سوالیہ انداز اختیار کرتے ہیں جس کے پیشِ نظر بظاہر ایسا محسوس ہوتا ہے کہ اقبال بھی خدا سے اسی طرح شکوہ کناں ہیں جس طرح غالبؔ اپنے دیوان کے پہلے ہی شعر میں مائل بہ فریاد تھا۔

نقش فریادی ہے کس کی شوخیِ تحریر کا

کاغذی ہے پیرہن ہر پیکرِ تصویر کا

گویا بظاہر تو اقبال خدا سے شکوہ کرتے ہیں کہ تو ایک ہی طرح کے فنا ہو جانے والے اور مٹ جانے والے انسانوں کو پیدا کر کے انسان کو بھی کیڑوں مکوڑوں کی طرح سستا

بنار ہا ہے اور تجھے یہ بات کیوں بھلی لگتی ہے یہ مجھ میں نہیں سمجھ میں آتا لیکن اقبال دراصل یہ اشارہ کر رہے ہیں کہ خدا نے انسان کو ایک بلند مقصد کے لیے دنیا میں اپنا نائب بنا کر بھیجا ہے۔

پانچویں شعر میں اقبال نے دورِ حاضر کے کم علم علماے دین پر طنز کیا ہے۔ ''زندیقی'' سے مراد زِندہ کا پیرو یعنی آتش پرست ہے۔ یہاں پر یہ لفظ کافروں کے لیے استعارے کے طور پر استعمال کیا گیا ہے۔ اقبال کہتے ہیں کہ ملّاؤں کے خیال سے مسلمانوں کا انگریزی داں اور پڑھا لکھا طبقہ تو مغربی تعلیم کے سبب اسلام سے بے گانہ ہو گیا ہے اور کافروں کے نقشِ قدم پر چل رہا ہے۔ لیکن اس دور کے ملاؤں نے تو انگریزی تعلیم حاصل نہیں کی ہے۔ پھر وہ اسلام کے لیے باعثِ ننگ کیوں ہیں؟ ان کی زبان ہمیشہ احکامِ شریعت کی تشریح و توضیح میں مشغول رہتی ہے لیکن ان کے اعمال اسلام کی روح کے منافی ہیں۔ اسلام تو عقائد اور اعمال دونوں کی درستگی کا درس دیتا ہے۔ اس لحاظ سے آج کل کے علماے دین تو خود ہی ننگِ اسلام ہیں اور اسلام کا نام بدنام کر رہے ہیں۔

چھٹے شعر میں اقبال نے جبر و اختیار اور تقدیر و تدبیر کے اسی مسئلے پر روشنی ڈالی ہے جس کی طرف وہ اپنے مختلف اشعار میں اشارے کرتے رہے ہیں۔ مثلاً ؎

خودی کو کر بلند اتنا کہ ہر تقدیر سے پہلے
خدا بندے سے خود پوچھے بتا تیری رضا کیا ہے

ہاتھ ہے اللہ کا بندۂ مومن کا ہاتھ
غالبِ کار آفریں، کار کشا، کار ساز

اور ؎

نگاہِ مردِ مومن سے بدل جاتی ہیں تقدیریں

تاریخ ایسی مثالوں سے بھری پڑی ہے جب بندۂ مومن کا قول خدا کا قول اور اس کی خواہش خدا کا حکم بن گئی ہے۔ اقبال اسی نکتے پر بلاغت کے ساتھ روشنی ڈالتے ہوئے کہتے ہیں کہ بے وقوف اور کم علم لوگ جسے تقدیر کا قیدی سمجھتے ہیں وہ اگر عشقِ الٰہی کے جذبے کو دل میں

فروغ دے تو تقدیر کی بھی زنجیریں توڑ دے سکتا ہے ۔ یہاں تقدیر کا زنداں سے مراد مسلمان بھی ہو سکتے ہیں چونکہ ان کے دل عشقِ الٰہی سے خالی ہیں اور وہ تقدیر کے بھر وسے بیٹھے رہتے ہیں ۔

آخری شعر بے حد بلیغ ہے ۔ یہاں "تیرے" سے مراد کافر بھی ہو سکتے ہیں اور مسلم علماے دین بھی ۔ بہر حال اقبال کہتے ہیں کہ تمھاری طرح میرے تراشے ہوئے بت بھی مٹی کے ہیں اور فنا ہو جانے والے ہیں ۔

غزل ۔ ۱۶

مفہوم :

اقبال بارگاہِ خداوندی میں عرض کرتے ہیں کہ اے خدا یہ ہر لمحہ بدلتی ہوئی فانی دنیا تو بہت اچھی اور دل چسپ ہے لیکن ایک بات میری سمجھ میں نہیں آئی کہ یہاں سچ بولنے والوں اور نیک لوگوں کی اتنی بے عزتی کیوں کی جاتی ہے ۔ یہاں ہنر مند اور اہلِ کمال اس قدر حقارت کی نظر سے کیوں دیکھے جاتے ہیں ۔ ہونا تو یہ چاہیے تھا کہ دیانت دار، سچے اور پاک باز لوگ، علم و ہنر رکھنے والے لوگ دنیا میں عزت اور احترام کی نظروں سے دیکھے جاتے، اطمینان اور سکون سے خوش حال زندگی گزارتے لیکن اس کے برخلاف دغاباز، جھوٹے اور بے ہنر لوگ زیادہ خوش حال زندگی گزار رہے ہیں ۔ ایسا کیوں ہے؟

اے خدا! یہ دنیا تیری ہی بنائی ہوئی ہے لیکن یہاں کے لوگ فرنگیوں کو خدا سمجھتے ہیں ۔ حالانکہ ان کو خدا بنانے میں سرمایہ داروں کا بھی ہاتھ ہے جو دولت کے ذریعے تمام معاملات کو کنٹرول کرتے ہیں لیکن دنیا کے لوگ کیوں اس قدر ہوس کے غلام ہو گئے ہیں کہ سرمایہ دار انگریزوں کو اپنا خدا مانتے ہیں اور اصل خالق کو فراموش کر بیٹھے ہیں ۔

یہ راز بھی میری سمجھ میں نہیں آتا کہ تو ساری دنیا کا خدا ہونے کے باوجود عقل مندوں اور عالموں کو جینے کی قوت بھی مشکل سے دیتا ہے لیکن یہ جھوٹے خدا بے وقوف اور گدھوں کو بھی

سونے چاندی سے لاد دیتے ہیں۔

کلیساؤں میں کباب بھی ہے اور شراب بھی۔ ہر قسم کے سامانِ عیش وہاں موجود ہیں اور لوگوں کا دل اپنی طرف کھینچ رہے ہیں۔ دوسری طرف مسجد میں چند خشک نصیحتوں کے سوا اور کچھ نہیں ملتا۔

علماے قوم کا یہ حال ہے کہ وہ دنیوی حکمرانوں کو خوش کرنے کے لیے تیری بھیجی ہوئی سیدھی سادی آسان اور سچی کتاب کی مختلف طرح سے تاویلیں اور تفسیریں کرتے ہیں اور اسے پازندگی کی طرح پیچیدہ بنا دیتے ہیں۔ پازندہ دراصل پارسیوں کی مقدس کتاب ''زند'' کی تفسیر اور شرح ہے جس کے بارے میں یہ مشہور ہے کہ وہ اصل کتاب سے بھی زیادہ دشوار ہے۔ اقبال نے یہاں اس حقیقت کی طرف اشارہ کیا ہے کہ اسلام دین فطرت ہے جس کے احکامات بے حد واضح اور سادہ و صاف ہیں مگر خود ساختہ عالموں نے اپنے ذاتی مفادات کے لیے قرآن پاک کی تفسیروں کو پیچیدہ ترین بنا کر پیش کیا ہے۔

اے خدا! جس جنّت الفردوس کا تو نے وعدہ کر رکھا ہے اسے اب تک کسی نے نہیں دیکھا۔ اس کے بارے میں یہ کہنا مشکل ہے کہ وہ کس قدر خوبصورت اور آرام دہ ہے۔ لیکن انگریزوں کے ملک کا ہر قصبہ اور ہر علاقہ اپنی خوبصورتی کے سبب ایک جنت نظر آتا ہے اور دل کو اپنی طرف کھینچتا ہے۔

میں ایک عرصے سے اپنے افکار و نظریات کو قوم کے سامنے رکھ رہا ہوں تاکہ قوم راہِ راست اختیار کر لے مگر انگریزوں کی مذکورہ بالا ظاہری شان و شوکت میری قوم کے لوگوں کو مجھ سے برگشتہ رکھتی ہے اور ہر شخص فرنگیوں کے جادو سے مسحور نظر آتا ہے۔ اس لیے میری تمنا ہے کہ اب میرے افکار و نظریات کو کسی دوسری دنیا مثلاً چاند کے غاروں میں قید کر دیا جائے تاکہ ان کی مزید بے وقعتی نہ ہو۔

اللہ نے مجھے گرچہ مٹی کا جسم عطا کیا ہے مگر میری فطرت میں آدم خاکی کی جگہ فرشتوں کے جوہر شریک کر دیے ہیں۔ میں عام انسانوں کی طرح دنیا میں پیدا کیے جانے کے باوجود

دل و دماغ کی بہترین خوبیوں سے مالا مال ہوں ۔ یہ خدا کا خصوصی فضل ہے ۔

میں ایک درویش صفت انسان ہوں ۔ خدا کی محبت میں مست ہوں اور کسی دوسری شے کی خواہش نہیں رکھتا ۔ میں مشرقی اور مغربی کے جھگڑے میں نہیں پڑتا ۔ میرے لیے نہ تو یورپی ہونا باعثِ فخر ہے نہ ایشیائی ۔ میری نظر میں نہ دلی کو صفاہان پر فوقیت حاصل ہے نہ صفاہان کو سمرقند و بخارا پر ۔ میں صرف خدا کی محبت پر فخر کرتا ہوں اس لیے ساری دنیا میرا وطن ہے ۔

میں نہ تو نئی تہذیب کا پروردہ کوئی فیشن پرست اور راہ سے بھٹکا ہوا انسان ہوں اور نہ ہی مسجد کا بے وقوف مولوی ہوں ۔ میں جس بات کو سچ کہتا ہوں اس کا بغیر کسی جھجک اور مصلحت کے اظہار کر دیتا ہوں ۔

میں زہر کو زہر کہتا ہوں، قند نہیں ۔ میں غلط کو کبھی صحیح نہیں کہہ سکتا، برے کو اچھا نہیں مان سکتا اس لیے مجھ سے اپنے بھی ناراض ہیں اور دوسرے بھی ۔

میں ایک ایسا شخص ہوں جو حق پرستی اور سچائی کو سب سے زیادہ عزیز رکھتا ہے اس لیے میں مٹی کے ڈھیر کو کوہِ دماوند (ایران کا مشہور پہاڑ جو ہمدان میں واقع ہے) کبھی نہیں کہہ سکتا ۔

میں بندۂ مومن ہوں اسپند کا دانہ (گول مرچ ۔ کالا دانہ) نہیں ہوں جو آگ میں پڑ کر شور مچاتا ہے ۔ میں آتشِ نمرود میں پھینکے جانے کے باوجود خاموش رہنے والے خدا کے برگزیدہ بندے حضرت ابراہیمؑ کی نسل میں ہوں اس لیے میں بھی کافروں کے ذریعہ پیدا کردہ حالات کی آگ میں شب و روز جلنے کے باوجود صبر و استقلال کا ثبوت دے رہا ہوں ۔ اور میری بلند ظرفی، میری فطرت اور اندرونی قوت مجھے آہ و فغاں سے باز رکھتی ہے ۔

میں کسی کو تکلیف نہیں پہنچاتا، ہمیشہ نیکی کو اختیار کرنے کی کوشش کرتا ہوں، دنیا کا بغور مشاہدہ کرتا ہوں اور اپنے غم کی آگ میں خود ہی جلتا ہوں ۔ میری عجب کیفیت ہے ۔ میں جبر میں بھی اختیار کے درجہ پر فائز ہوں اور تہی دست ہونے کے باوجود اپنی بے نیازی کے سبب امیر ہوں ۔

میں خواہ کسی حال میں بھی رہوں میرے دل کا سکون اور میری آزاد طبیعت میری شگفتگی کی ضمانت ہے۔ جس طرح غنچے کی فطرت میں مسکرانا ہے اور اس کی یہ عادت اس سے چھینی نہیں جا سکتی اسی طرح مجھے بھی کوئی شخص اس وصف سے محروم نہیں کر سکتا۔

آخری شعر میں اقبال کے اس احساس کا اظہار ہے جو خدا کے سامنے اس طول کلامی کے سبب پیدا ہوا ہے۔ اقبال یہ محسوس کرتا ہے کہ اس کا یہ انداز بیان حدِ ادب سے باہر اور اس کی حیثیت کے لحاظ سے نامناسب ہے اس لیے وہ خود ہی اپنے آپ کو "بندۂ گستاخ" کہہ کر سرزنش کرتا ہے۔

سولھویں غزل کے سلسلے میں چند اہم نکات:

اقبال کی یہ غزل شکوہ کے انداز میں کہی گئی ہے اور اس ذہنی کش مکش کی بھرپور عکاسی کرتی ہے جو بیسویں صدی کی ابتدائی دہائیوں میں دانشور طبقے کے ذہن میں پیدا ہو رہی تھی۔ شکوہ میں بھی انھوں نے مسلمانوں کے عام جذبات کو خدا کی بارگاہ میں شکایت اور فریاد کے طور پر پہنچانا چاہا تھا۔ یہاں بھی انھوں نے اپنے زمانے کے ان نیک، ہنرمند اور باعمل لوگوں کی ذہنی کیفیت کو پیش کیا ہے جو ناقدری کا شکار تھے۔ اقبال خود بھی ایسے ہی لوگوں میں سے ایک میں۔ اس لیے ایک حد تک یہ نظم ایک طرح سے اقبال کی سرگذشت بھی کہی جا سکتی ہے۔ ایک طویل عرصے تک قوم کی اصلاح کے لیے کوشش کرنے کے بعد وہ بد دلی کی جس منزل پر میں اس کا لازمی نتیجہ یہ شعر ہے۔

مدت سے ہے آوارۂ افلاک مرا فکر

کر دے اسے اب چاند کے غاروں میں نظر بند

یہ غزل اپنے مربوط اور مسلسل انداز بیان کے سبب ایک مستقل نظم کی حیثیت رکھتی ہے۔ مذکورہ بالا شعر گویا گریز کی ابتدا ہے جس کے بعد اقبال نے اپنی شخصیت کو براہ راست موضوع بنایا ہے۔ غزل کا آخری شعر بھی دراصل اس حقیقت کی غمازی کرتا ہے کہ اقبال نے

خاموش رہنے کی کوشش تو ضروری مگر اس میں کامیاب نہ ہوسکے۔

پیشِ نظر غزل میں ابتدا ''جگ بیتی'' سے ہوئی ہے اور آخر کار بات ''آپ بیتی'' تک پہنچی ہے۔ لیکن سچ پوچھیے تو غزل میں جن کیفیات کا ذکر ہوا ہے وہ دنیا کے ہر بڑے سے آدمی پر گزرتی ہیں۔ اکثر سچی بات کہنے والے نہ صرف دوسروں کی نظر میں بلکہ اپنی قوم کے سامنے بھی مجرم سمجھے جاتے ہیں اور انھیں ذلیل کرنے کی کوشش کی جاتی ہے۔

اقبال نے یہ غزل جس حزنیہ لہجے میں لکھی ہے وہ ان کی شاعری میں عام نہیں ہے۔ اس سے ظاہر ہوتا ہے کہ یہ اشعار اقبال نے یقیناً کسی خاص ذہنی کیفیت کے تحت لکھے ہوں گے۔

غزل کی بحر اور اس کے اندازِ بیان کی روشنی میں قاری کا ذہن خود بخود اقبال کی نظم ''لینن خدا کے حضور میں'' کی طرف جاتا ہے۔ اقبال کے عہد میں جو حالات اسلامی تہذیب کے لیے خطرہ بنے ہوئے تھے اور جو چمک دمک نگاہوں کو خیرہ کر رہی تھی ان پر غور و فکر کے لحاظ سے اس غزل اور مذکورہ بالا نظم کو ایک ہی سلسلے کی دو کڑیاں کہا جاسکتا ہے۔

غزل میں مخاطبت کا رنگ نمایاں ہے۔ تاثیر بھی ہے اور زورِ بیان بھی۔ آخری شعر شوخی کی مثال ہے جب اقبال سب کچھ کہنے کے بعد اپنا منھ آپ ہی بند کرنے کی تمنا کرتا ہے۔